KB189114

틱낫한 인터빙

틱낫한 인터빙

THICH NHAT HANH
INTERBEING

내 삶과 세상을 바꾸는 14가지 마음챙김 수행법

틱낫한 지음

허우성 · 허주형 옮김

불광출판사

영적 수행은 모든 사회 행위의 밑바탕이다

일러두기

- 경전 및 책은 겹꺾쇠표(《 》), 신문 및 잡지는 홑꺾쇠표(〈 〉)로 표시했다.

- 원서의 각주(●)와 번역자의 각주(○)는 기호를 달리하여 구분했다.

- 'Interbeing'은 틱낫한 스님이 창안한 용어로, 세상 만물과 모든 일이 서로 연결되고 상호 의존해 공존함을 의미한다. 그 의미를 정확히 옮긴 번역어에 대해서는 논의가 분분하여, '상호의존', '상호공존' 등으로 옮기거나 그대로 표기한 '인터빙' 등의 번역어를 사용하고 있다. 이 책에서는 '상호존재'로 옮겼다.

제3부 접현종 종헌

제4부 수계식

머
리
말

짠콤 스님

저는 젊었을 때 석가모니 부처님의 가르침에 깊은 감명을 받았습니다. 그래서 사이공 빈민가의 굶주린 아이들을 돕는 일에 힘썼습니다. 결국 5년간 사귀던 남자친구와 헤어진 후 승려가 되기로 결심하고, 여성 출가자가 있는 비구니 사찰을 방문했습니다. 그런데 사이공, 벤째, 그 밖에 다른 곳에 있는 비구니 사찰의 비구니들은 저에게 잘 수행해서 남자로 다시 태어나 부처가 되라고 말했습니다. 저는 이것이 부처님 가르침에 대한 오해라고 생각했습니다. 깨닫기 위해 남자로 다시 태어나고 싶지 않았고, 깨달음을 얻는 것조차 신경 쓰지 않았습니다. 그저 배고픈 아이들, 가난한 자들, 억압받는 사람들을 돕는 일에 관심이 있었습니다. 저는 스스로 비구니 승원을 설립하기로 마음먹었습니다. 타이(Thầy)를° 만났을 때 비구니들에게

○　베트남어 '타이(Thầy)'는 스승을 친근하게 부르는 호칭으로, 이 책에서는 틱낫한을 가리킨다.《최상의 행복에 이르는 지혜》(*The Other Shore: A New Translation of the Heart Sutra With Commentaries*, Palm Leaves Press, 2017), 틱낫한 지음, 손명의 옮김. 싱긋, 2021 (2쇄), p. 16 참조.

들은 이야기에 관해 물었습니다. 타이는 미소 지으며, 그것은 불교를 해석하는 낡은 방식이라고 말씀하셨습니다. 부처님 당시에는 수행 중에 깨달음을 얻은 여성이 많이 있었습니다. 어느 날 한 비구니가 우리의 마음 작용에 관해 아름다운 설법을 했고, 그녀의 전남편이 그것을 들었다고 합니다. 그는 부처님에게 "제 전처의 가르침이 맞습니까?"라고 물었습니다. 부처님은 이렇게 대답했습니다. "만일 나에게 마음 작용에 관해서 설법해달라고 요청했다면, 같은 이야기를 했을 겁니다."

타이는 제가 비구니가 되는 것에 동의하기보다는 저와 다른 학생들에게 '14가지 마음챙김 수행법'을 권하셨습니다. 타이가 주신 이 수행법을 읽으면서 저는 뛸 듯이 기뻤습니다. 이 수행법은 우리 세대 청년들을 위해 타이가 직접 고안했다고 생각했기 때문이었습니다. 나중에 타이가 말씀해주셨지만, 그 수행법은 《화엄경》,《금강경》,《법화경》 등에서 얻은 부처님의 가장 깊은 가르침의 표현이라는 사실을 당시에는 알지 못했습니다. 타이는 그 당시 불교는 시대에 뒤떨어졌다고 설명했고, 가르침만이 아니라 수행도 쇄신하려고 하셨습니다. 타이는 후에(Huế)에 있는 출가본사의 스승님께 일(一, Nhất)행(行, Hạnh)이라는 법명, 즉 불교를 새롭게 하려는 그의 소망에 어울리는 법명을 가져도 될지 물으셨습니다.

그 후 타이는 불교 쇄신이라는 이상을 실현하기 위해 후

에의 불교 기관을 떠나셨습니다. 이것은 1940년대 후반의 일입니다. 1950년 스님은 불교 논리학에 대한 얇은 책을 한 권 쓰셨습니다. 이것은 스님의 첫 번째 책입니다.

저는 1958년 생물학을 공부하기 위해 사이공 대학에 입학했습니다. 하지만 저에게 정말로 감동을 준 일은 빈민가에서 일하는 것이었습니다. 저는 대학에서 다섯 블록 떨어진 곳에 빈민가가 있다는 사실을 알게 되었습니다. 매일 정오 휴식 시간마다 저는 빈민가로 달려갔고, 거기서 몇 시간을 보낸 뒤 학교로 돌아왔습니다. 그곳에서 그들의 어려움에 귀 기울이며 그들을 도울 방법을 생각했습니다. 저는 대학 공부를 계속했는데 그건 오로지 부모님과 제 멘토였던 친절하고 훌륭한 교수님을 기쁘게 하기 위해서였습니다.

제가 시작한 프로젝트 중 하나는 고아나 편부모 가정 아이들에게 '쌀 장학금'을 주는 것이었습니다. 부모들은 아이들이 신문이나 사탕을 팔아서 약간의 돈을 벌기를 기대했습니다. 저는 부자들이 가난한 사람들을 거의 신경 쓰지 않는다는 사실을 잘 알고 있었습니다. 그래서 가난한 아이들을 위해 매일 쌀 한 줌을 남겨달라고 부탁하면서 그들의 마음속에 관대함의 씨앗을 심기 시작했습니다. 저는 빈민가에 탁아 시설이 설립될 수 있도록 돕고, 아이들이 학교에 입학할 수 있게 출생증명서를 쉽게 취득할 수 있도록 했으며, 학교에 다닐 수 없는 아이들을 가르쳤습니다. 또한, 몇몇 부모님들이 사업을 시작하기 위해 소액 대출받는 것을 돕고, 아픈 사람들을 제 오토바이로 병원에 데려다주었습니다. 이것이 바로 '사회복지'라는 것을 나중에 알았지만, 당시에는 제가 사회복지사의 역할을 하는 줄도 몰랐습니다.

1959년 10월 타이멍약(Tháy Mán Giác)이 제게 틱낫한 스님의 저서를 주었습니다. 그리고 12월에 타이가 사이공의 싸로이(Xá Lợi) 절에서 3개월 과정으로 강연한다는 소식을 듣고 등록했습니다. 그의 첫 강의는 저에게 깊은 감명을 주었습니다. 이렇게 아름답고 깊이 있게 말하는 사람은 처음이었습니다. 1959년 11월 15일의 일이었습니다.

타이는 불교가 사회의 진정한 변화에 크게 이바지할 수 있다고 느끼셨습니다. 그리고 불교 정신에 바탕을 둔 사회 변혁 운동을 지원하는 다양한 방법을 찾으려고 하셨습니다. 그래서 그는 저와 제 친구의 사회 프로젝트를 돕겠다고 하셨습니다.

저는 타이야말로 그동안 제가 줄곧 찾아 헤맸던 스승임을 깨달았습니다. 타이의 가르침과 격려에 영감을 받아서 저는 70명의 친구들을 모아서 사이공 주변에 있는 다섯 개의 빈민가를 돌보기 시작했습니다. 우리는 아픈 사람들에게 약과 음식을 전달하고 성인들을 대상으로 야간 수업을 했으며, 아이들에게는 위대한 베트남인들에 관해 가르쳤습니다.

1961년 2월, 타이는 또 다른 3개월 과정의 강연을 열었습니다. 타이와 학생들 사이에서는 자매애와 형제애의 분위기가 형성되기 시작했습니다. 4월에는 대학생 20명을 대상으로 한 별도의 불교 수업을 매주 1회씩 진행했습니다. 스님은 사이공에서 오토바이로 1시간 거리에 있는 투욱람(Trúc Lâm) 절로 거처를 옮기셨고, 그곳에서 학생들을 지도했습니다.

1961년 5월부터 9월까지 저는 매주 토요일에 12명의 친구들과 함께 투욱람 절로 공부하러 갔다가 밤늦게까지 머물렀습니다. 그러고 나서 우리는 사이공으로 돌아와 달빛 아래에서 함께 노래했습니다. 멋진 나날이었습니다. 우리 13명은 형제자매처럼 서로를 진심으로 사랑하고 존경했습니다. 타이에게 배우면서 우리는 남베트남 불교운동에서 '13그루의 삼나무'가 되었습니다. 타이는 많은 청년들을 튼튼한 삼나무처럼 부처님 가르침을 뒷받침하도록 수행시킴으로써, 불교 쇄신을 위해 계속 노력하고 싶었습니다.

우리 13명의 삼나무는 가난한 노동자, 군인, 일하는 청소년들을 위한 야간 학교를 설립해서 우리가 이해한 불교를 적용해보기로 했습니다. 우리는 행복한 승가,° 실천하는 공동체가 되

○　'승가(僧伽, saṅgha)'는 일반적으로는 '비구·비구니로 구성된 출가자들만의 공동체'를 가리키는 용어지만, 이 책에서는 사부대중 모두가 속한 공동체를 가리킨다.

어가면서 타인을 돕고 있다는 확신이 들었습니다. 9월이 되자 타이는 프린스턴대학교에서 비교 종교를 연구하는 연구직을 수락하게 되었다고 말씀하셨습니다. 타이는 2년 동안 미국에 체재하셨습니다. 저는 사회복지 일과 대학 공부를 계속했습니다.

1960년 4월 타이는 불교학생회를 설립했습니다. 저는 사회복지부 회장이었습니다. 우리는 매주 불교를 공부하고, 다르마에 관해 이야기하고, 가난한 자들을 위한 프로젝트를 계획하고, 우리의 활동을 설명하는 잡지를 발행했습니다. 그렇게 13그루였던 삼나무가 80그루가 되었고, 어느새 불교학생회에는 300그루가 넘는 삼나무가 자라고 있었습니다.

1963년 12월 미국의 지원을 받는 가톨릭계 디엠(Diệm) 정권이 막 전복됐을 때, 타이는 베트남으로 돌아왔습니다. 1964년 1월 타이는 베트남 통일불교회 집행위원회에 세 가지 사항을 제안하며 통일불교회 회원은 다음과 같은 일을 실천해야 한다고 말씀하셨습니다.

1. 남북 베트남 모두 적대 행위를 중단하라고 공개적으로 요구한다.
2. 불교 연구와 응용을 위한 연구소 건립을 지원한다.
3. 부처님의 가르침을 바탕으로 비폭력적인 사회 개혁을 이루기 위해 사회복지사훈련센터를 설립한다.

타이의 이상주의는 대학생들의 마음을 끌었고, 많은 학생들이 그의 세 가지 제안 모두를 도우려고 자원했습니다. 고등불교연구소가 1964년 2월에 개설되었고, 젊은 자원봉사자들이 사무실을 채웠습니다. 그 프로그램은 불과 14개월 만에 완전히 궤도에 올랐고, 이제는 연구소가 반한(Van Hahn)이라는 이름의 대학교가 되었습니다.

사회사업에 대한 타이의 생각은 전통적인 자선의 개념을 넘어서, 삶의 질을 개선하기 위해 스스로 노력하는 농민들을 지원한다는 것이었습니다. 그리고 사회사업과 농촌 개발이 개인과 사회를 변화시키는 일이라고 보셨고, 사회복지사와 농민은 서로를 '돕는 사람'과 '도움을 받는 자'가 아니라 하나의 공동 사업 파트너로 보셨습니다.

1964년 2월 타이는 사이공 교외에 개척촌을 설립하셨습니다. 제가 프랑스에서 공부를 마칠 무렵, 타이는 저에게 다음과 같은 편지를 보내셨습니다. "당장 돌아와 주세요. 우리가 이야기했던 사회 변화를 위해 일하고 싶다면 지금이 바로 그때입니다. 도우려는 사람은 많지만, 이 프로그램을 조직하고 가능하게 할 수 있는 사람은 당신뿐입니다."

저는 논문을 마무리하고 1964년 6월 베트남으로 돌아왔습니다. 두 번째 개척 마을의 출발을 돕고, 매일 개척 마을이나 빈민가의 가난한 사람들과 함께 보냈습니다. 우리의 목표는 청년들을 훈련하고 농민들을 도와서 학교와 병원을 설립하고 위생 상태를 개선하는 것, 그리고 농업과 원예를 발전시키는 것이었습니다. 또한 베트남에 홍수가 일어날 때마다 홍수 구호 활동을 했습니다.

1965년 9월 반한대학교 프로그램의 하나로 사회복지청년학교(School of Youth for Social Service, SYSS)가 설립되었지만, 그 기초작업은 1963년 타이가 사이공으로 돌아오자마자 이미 시작되었습니다.

1966년까지 타이는 불교를 쇄신하려는 그의 깊은 염원의 일환으로《14가지 마음챙김 수행법》을 엮어내었습니다. 이 수행법에는 전통적인 프라티목샤(Prātimokṣa, 승가 계율)의 핵심은 물론, 출가자와 재가자의 보살계도 포함되어 있습니다. 전통적인 계율을 지키는 많은 베트남의 비구, 비구니들은《14가지 마음챙김 수행법》을 읽고 감동했습니다. 그들은 이 수행법이 마음을 움직이고, 자신들 속에 있는 사랑의 마음(보리심)의 씨앗에 물을 준다고 말합니다.

1966년 사회복지청년학교의 회원들 5명과 함께 제가 받은 14가지 수행법은 타이가 다시 미국으로 출발하기 전에 준비한 초안이었습니다. 이번 출국은 코넬대학교의 초청이었고, 그곳에서 평화를 호소할 예정이었습니다. 타이는 출발 직전까지 서둘러 14가지 수행법을 정리했습니다. 미국에서 돌아온

뒤에 더 많은 사회복지청년학교 학생을 대상으로 14가지 수행법을 다시 한번 전법(傳法)하려 했지만, 미국에서의 평화 호소 운동의 결과로 40년 동안 추방당했기 때문에 실현되지 못했습니다. 그러다 2005년이 되어서야 비로소 베트남에서 14가지 수행법의 전법이 다시 한번 이루어질 수 있었습니다.

최초로 14가지 수행법을 받은 사람은 6명이었습니다. 저 까오늑푸옹(Cao Ngọc Phương), 판띠마이(Phan Thi Mai) 자매, 팜뚜이웬(Phạm Thúy Uyên) 자매, 이렇게 세 명의 여성과, 브이반탄(Bùi Văn Than) 형제, 도반콘(Đo Văn Khon) 형제, 위엔반푹(Nguyễn Văn Phúc) 형제, 이렇게 세 남성이었습니다. 당시 우리 젊은 여성 셋은 독신주의를 실천하고 승려가 되기를 원했지만, 세 남성은 모두 이미 약혼자가 있었습니다. 타이는 비구, 비구니 모두가 수행할 수 있는 승가를 만들기를 원했습니다. 그래서 계를 받고 출가하려는 남녀가 어느 정도 모일 때까지 기다리자고 했습니다.

수계 때 저는 후에(Hue)대학교에서 식물학 강사로 있었습니다. 판띠마이(혹은 넣찌마이Nhất Chi Mai) 자매는 학교 교사였는데, 1967년 5월 16일 평화를 위해 분신하고 말았습니다.(1967년 5월 17일 자 〈뉴욕타임스〉에 마이의 분신 사건을 알리는 제 사진이 게재되었습니다.)

팜뚜이웬 자매는 지금도 건재하고 미망인 모친과 함께 사이공에서 살고 있습니다. 브이반탄은 당시 제 여동생과 약혼한 상태였습니다. 그는 미토시(市)의 법원에서 판사로 일하면서, 사회복지청년학교가 가난한 사람들에게 신용대출 해주는 일을 담당하고 있었습니다. 예를 들어, 그들에게 50달러를 대출해주어 돼지 10마리를 사육하고 8,000제곱미터(2에이커)의 논을 개간할 수 있도록 하는 일입니다.

도반콴은 매우 활발하게 불교청년운동(야딘팟뜨·Gia inh PhĐt Tử)°에 참여했지만, 종전 후 3년이 지난 시기에 젊은 나이로 세상을 떠났습니다. 위엔반푹은 반한대학교에서 매우 열심히 연구했습니다. 수계 후 그는 사랑하는 여성과 결혼했지만, 그 역시 지금은 세상을 떠나고 없습니다.

우리 6명은 모두 사회복지청년학교의 주요 창립자들이었습니다. 타이는 청년학교의 연수생 300명 전원이 접현종(the Order of Interbeing·OI)의 14가지 마음챙김 수행법을 받기를 원하셨지만, 1966년 5월에 국외로 추방되었습니다. 1966년 이후 1981년까지 더 이상의 수계는 없었습니다. 그러다가 타이는 질녀 안호옹(Anh-Hương)에게 수계를 했습니다. 그녀는 보트피플로 베트남을 탈출한 아버지(타이의 형)와 함께 미국에 와 있었습니다. 1981년 그녀는 프랑스 플럼빌리지에 있는 타이

°   불자 가족으로 번역할 수도 있다.

를 만나러 갔고, 타이는 진심으로 그녀가 재가 신자를 위한 접현종 수행법을 받기를 원했습니다. 제가 14가지 마음챙김 수행법을 봉독하는 것을 듣고, 그녀는 자신도 수행법을 받을 수 있을지 물었습니다.

타이는 사회복지청년학교의 300명 학생 전원이 비구나 비구니가 되려고 하는 것은 아님을 잘 알고 있었습니다. 그렇기 때문에 타이는 14가지 마음챙김 수행법을 비구, 비구니, 재가자 모두에게 동일한 것으로 정리했습니다. 제14 마음챙김 수행법은 일반 신도와 출가 수행자에 따라서 다른 말로 표현하고 있는데, 제가 1988년 독수리봉에서 삭발한 후에 잘 다듬어졌습니다. 저는 1966년 14가지 마음챙김 수행법을 받았는데, 그것은 현재 우리가 사용하고 있는 버전보다는 좀 짧은 것이었습니다.●

저는 자서전에서, 플럼빌리지는 사회복지청년학교를 위한 영적 수행 센터를 설립하고 싶다는 타이의 소망에서 태어났다고 말했습니다. 지금은 세계를 위해 봉사하고 있는 모든 활동가를 위한 수행 센터가 되었습니다. 타이는 서양에 도착한 후 자신의 소망을 넓혀서 베트남에서 사회봉사에 종사하는 사람들뿐만 아니라 모든 활동가를 돕고자 했습니다. 플럼

● 부록 참조.

빌리지는 환경운동가, 예술가, 전문가(의료 종사자들과 구급차 운전자)를 지원하기 위한 수행의 장이 되었습니다. 그들에게는 일단 멈추고, 숨 쉬고, 미소 짓기 위해서 마음챙김이 필요했습니다. 접현종의 14가지 수행법은 인생의 모든 면에서 깊이 살도록 훈련시켜 줍니다.

전쟁 중에도 타이와 함께 사회복지청년학교에 있던 사람들은 매우 적극적이었습니다. 최초의 접현종 종원은 아주 많은 일을 했습니다. 오늘날 접현종 청년 종원들은 자국에서 전쟁을 경험하지 않은 경우가 많지만, 그들의 근면함과 봉사에 대한 열의는 우리만큼 강합니다. 물론 당시의 상황은 매우 급박했습니다. 매일 자행되는 전쟁의 잔학 행위를 보고 크나큰 고통을 겪었지만, 우리 내면에 있는 불성은 그럴수록 더욱 깨어났습니다. 불성은 누구에게나 평등합니다. 밖으로 나가서 목숨 걸고 봉사하라고 우리에게 강요한 사람은 아무도 없었습니다. 녓찌마이 자매도 그랬습니다. 제가 그녀에게 당시 벌어지던 잔혹 행위를 설명해 주기 전에는 평화 사업에 마음을 움직이지 않았습니다. 어떤 일이 벌어지고 있는지 알고 나서 그녀는 평화 사업에 헌신했고, 그 대의를 위해 분신했습니다.

우리 시대의 문제는 우리에게, 특히 청년들에게 윤리적 지침이 없다는 것입니다. 우리는 마음챙김 수행법을 실천하여 성적 비행, 폭력적인 말, 약물 중독 등으로 인해 나와 타인에게 상처를 주지 않도록 해야 하고, 에너지를 소진하지 않는 방법을 배워야 합니다. 마약 살 돈을 주지 않으면 부모를 죽이겠다고 협박하는 어느 십 대 아이의 이야기를 들은 적이 있습니다. 우리는 생각하고 말하고 행하는 모든 것이 자신과 다른 사람들에게 영향을 준다는 것을 불교에서 배워야 합니다. 우리 자신이 받는 응보를 정보(正報)라고 하며, 우리가 살아가는 환경을 만드는 응보를 '의보(依報)'라고 합니다. 의보에는 가족, 사회, 국가가 포함됩니다. 특정인의 행동이 아름다운지는 환경 조건에 크게 달려 있습니다. 부처님 시대의 환경은 스승님(타이)과 우리가 자란 환경과 다르고, 지금의 환경과도 다릅니다. 그렇기 때문에 우리가 실천하는 윤리 지침은 사람들이 살아가는 환경에 적합하도록 업데이트해야 합니다. 5가지 마음챙김 수행법 및 14가지 마음챙김 수행법은 약 10년마다 개정되어야 하는데, 사회는 늘 변하고 그와 함께 우리가 윤리 지침으로 풀어야 할 문제도 달라지기 때문입니다. 저보다 20년에서 40년 늦게 태어난 여러분은 제가 자란 환경과는 매우 다른 환경에서 성장했습니다. 여러분은 저와 마찬가지로 지적인 가정에서 성장했을 수도 있지만, 제가 성장할 때의 지성계는 현재의 지성계와는 아주 달랐습니다. '진정한 공동체와 소통'을 말하는 제8 마음챙김 수행법을 보면 첫 번째 버전과는 크게 다르다는 것을 알 수 있을 것입니다.

타이가 여러 평화상을 수상한 것은 그가 평화로운 사람이라는 이유뿐만이 아니라, 5가지 마음챙김 수행법과 14가지 마음챙김 수행법으로 세계를 평화롭게 하는 데 이바지했기 때문이라고 생각합니다. '화 돌보기'라는 제6 마음챙김 수행법도 개정되었습니다. 화가 나면 항상 싸우려 합니다. 이 수행법은 당신에게 일단 멈추고 마음을 더 깊이 들여다보라고 가르칩니다. 마음챙김 호흡과 걷기로 당신은 화의 이끌림에서 벗어날 수 있습니다. 마음이 조금 진정되면 문제의 다른 면이 보이고 공격성이 줄어들게 됩니다. 그리고 당신이 정말 바꾸고 싶은 것을 평화롭게 바꿀 수 있습니다. 굳이 14가지 마음챙김 수행법을 할 필요도 없이, 인류 전체가 5가지 마음챙김 수행법만 해도 경이로운 세상이 펼쳐질 것입니다. 하지만 14가지 마음챙김 수행법도 있다는 건 아주 다행스러운 일입니다. 우리가 불교의 가르침과 실천에 점점 더 깊이 들어갈 수 있도록 도와주기 때문입니다.

첫걸음은 항상 5가지 마음챙김 수행법을 받고 행하는 것입니다. 14가지 마음챙김 수행법을 받겠다고 지원하기 전, 최소 2년은 5가지 마음챙김 수행법을 실천하며 당신이 정말 적극적이라는 점, 당신이 수행을 정말 좋아한다는 점, 그리고 그것을 구체적이고 가치 있는 방식으로 행하고 있다는 점을 증명해야 합니다.

타이는 승려로서 250개의 비구계와 크고 작은 보살계를 실천해 오셨습니다. 스님은 《범망경(梵網經, 브라흐마잘라 수트라)》에 있는 보살계를 편찬한 과거의 조사들을 계승하여 14가지 마음챙김 수행법을 편찬하셨습니다. 14가지 마음챙김 수행법은 우리 시대에 더 적합한 보살 서원입니다.

여러분이 기독교인, 유대교인, 힌두교인, 이슬람교도이거나, 혹은 종교·정치적 신념이 무엇이든 간에 저는 모든 사람이 아름다움, 깊이, 그리고 위대한 사랑의 방향으로 나아가도록 스스로를 수행하라고 격려하고 싶습니다. 여러분이 속한 전통에도 이해와 사랑으로 이끌어 주는 독자적인 계율, 윤리, 지혜가 있습니다. 그 위대한 이해와 사랑이 있을 때 그것을 여러분 안의 신, 또는 불성이라고 부를 수 있습니다. 그럼에도 불구하고 위대한 사랑을 키우려면 수행법이 필요하며, 14가지 마음챙김 수행법은 불교도와 비불교도를 막론하고 우리 안에 있는 그 위대한 사랑을 행하는 방법을 모두에게 일러줍니다. '14가지 마음챙김 수행법'이라는 이름에서 '수행법'은 '계율'이라는 말보다 더 적절합니다. '수행법'은 특정 방향으로 나아가기 위해 수련하고 있음을 아는 데 도움이 되기 때문입니다.

베트남 후에에서
2019년 8월

프레드 엡슈타이너

접현종(接現宗, The Order of Interbeing)은 1960년대 중반, 틱낫한 스님이 베트남에서 추방되기 직전에 결성되었다. 당시는 베트남 전쟁이 격화되면서 나라를 쪼개는 증오와 폭력에 맞서기 위해 부처님의 가르침이 절실히 필요했던 시기였다. 1966년 2월 보름달이 뜨는 날, 틱낫한 선사는 22세부터 32세까지의 남성 3명과 여성 3명, 이렇게 6명의 종원에게 수계하고 그들을 접현종에 받아들였다. 그들은 모두 스님이 전 해에 설립을 도왔던 사회복지청년학교의 창설 멤버였다.

접현종은 시작부터 비구, 비구니, 남녀 신도 등 사부대중으로 구성되었다. 처음 6명의 수계자 중 3명의 여성은 삭발도 하지 않고 비구니의 공식 수계도 받지 않았지만 비구니와 같은 독신 생활을 선택했고, 3명의 남성은 결혼하여 재가자로서 수행하기를 선택했다.

수계식은 멋진 의식이었다. 각 수계자는 틱낫한 스님이 '지혜의 등불', '보름달 등불', '세상의 등불' 등의 한자를 손수 붓글씨로 써서 만든 색조 등불을 받았다. 축하연이 진행되는 동안 6명의 수계자는 전통적인 불교 도덕과 현대의 사회적 관심사가 훌륭하게 융합된 접현종의 마음챙김 수행법을 공부하고, 실천하고 지킬 것을 서원했다.

전쟁과 참화의 시련 속에서 만든 이 지침들은 전쟁 구호 활동을 하고 폭격당한 마을을 재건하는 데 도움을 주었던 최초의 형제자매 6인이 전쟁 비극의 한가운데서도 평온과 이해, 자비심을 기르는 데 도움이 되었다. 그들은 전쟁 희생자들을 돕고, 반전 시위를 조직하고, 책과 전단지를 인쇄하고, 사회복지 프로젝트를 운영하고, 병역 거부자들을 지원하기 위한 지하 네트워크를 조직하는 일로 계속 바빴지만, 주말을 '마음챙김'의 날로 정해서 매주 내면을 새롭게 가다듬었다. "이런 나날을 기다렸습니다." 짠콩 스님은 당시를 이렇게 회상하였다. "저는 일상의 모든 행위에 주의를 기울여 마음챙김을 수행했습니다. 제 방에 짐가방을 내려놓는 것부터 시작해서 물을 끓여서 목욕을 준비하고 명상복으로 갈아입었습니다. 우선 숲속에서 혼자 걷기 명상을 하고 꽃꽂이용 들풀과 대나무 가지를 땄습니다. 행동 하나하나에 주의를 기울여 마음챙김을 수행하며 몇 시간을 보내고, 대부분의 걱정거리에서 해방되면 기분이 상쾌해지곤 했습니다." 좌선과 걷기 명상을 한 이후 6명의 회원이 모여 14가지 마음챙김 수행법을 봉독하고《반야심경》을 독송했다.

10년 동안 새로운 회원이 접현종 핵심 공동체에 가입하는 것은 허용되지 않았다. 실제로 이 '실험 기간'은 1981년까지 이어졌는데, 그해 미국 버지니아주에 사는 미생물학자이자 일반 명상교사인 틱낫한 스님의 조카딸 안항구얀(Anh-Hương Nguyễn)이 접현종의 일곱 번째 회원이 되었다. 오늘날 핵심 공동체에는 2,000명이 넘는 회원이 있으며, 전 세계에서 수천 명이 정기적으로 14가지 마음챙김 수행법을 봉독하고 있다. 마음챙김의 생활 방식에 관한 잡지 〈마인드풀니스 벨(The Mindfulness Bell)〉은 틱낫한 스님의 가르침에 고무되어서 시작한 잡지인데, 그 안에는 전 세계 수백 개의 승가, 즉 14가지 마음챙김 수행법을 공부하고, 행하고, 논의하기 위해 모인 지역 공동체 사람들의 그룹 명부가 실려 있다.

접현종은 1992년 플럼빌리지에서 최초의 국제 대회를 개최했다. 이 종단의 생활과 가르침의 다양한 측면을 다루기 위해 여러 위원회가 설치되었다. 1996년 9월에 '멋지게 함께하기'라고 불리는 제2회 국제 대회가 플럼빌리지에서 개최되어 4대륙에서 100명 이상의 핵심 공동체 회원이 참가했다. 집행위원회가 형성되어 종단의 조직과 활동을 철저하게 재검토하였다. 본《틱낫한 인터빙》의 제4판에는 접현종의 14가지 마음챙김 수행법의 2012년 개정판과 관련 해설, 그리고 1996~1997년에 최종 개정된 접현종 종헌이 포함되어 있다.

사회적 참여불교에서 가르치는 보살행의 진실한 표현으로서 접현종은 제 모습을 갖춰 가고 있다.

접현종의 14가지 마음챙김 수행법은 특이하게도 현대의 도덕적 딜레마에 적용 가능하다. 접현종은 베트남에서 결코 양립할 수 없을 것 같은 '주의(isms)'의 미명하에 자행되는 파괴 행위가 명백해졌을 무렵 태어났다. 틱낫한 스님은 모든 사람이 이데올로기적 분열을 극복해야 한다는 점을 통렬하게 인식했다. 그래서 스님은, 처음 세 가지 수행법에서는 광신주의나 정치적·종교적 독선을 정면에서 거부했다.

제4 수행법은 불교도의 자비심을 정곡으로 찌르며 모든 수행자를 시험대에 올린다. 예를 들어, 생명의 고통에 대한 명상적인 숙고가 부족하므로 자비로운 관여를 통해 고통을 줄이는 데 도움을 주어야 한다는 점이다. 이것은 가장 먼저 우리 자신의 고통을 접하고 이해하는 것을 의미한다. 이 수행법은 고통을 끝내는 유일한 방법이 고통의 원인을 이해하는 것임을 시사하는데, 사성제(四聖諦)의 가르침이 여기에 해당한다.

제5 마음챙김 수행법은 소비에 관한 것이다. 마음챙김 없이 소비를 한다면, 우리는 행복하고 자비로운 사람이 될 수 없다. 우리는 사식(四食), 즉 물질적인 음식인 단식(段食), 감각적인 자극인 촉식(觸食), 의도나 생각이라는 의사식(意思食), 의식인 식식(識食)에서 우리가 어떤 영양분을 섭취하고 있는지 깊이 바라볼 필요가 있다.

제6 수행법은 화가 나는 즉시 돌볼 것을 권한다. 화는 억제하거나 부정하거나 휩쓸리는 것이 아니라 돌보는 것이다. 그런 다음 우리 의식 안에 있는 그 화의 뿌리를 깊이 들여다본다.

제7 수행법은 14가지 마음챙김 수행법 전체의 핵심이면서 마음챙김, 알아차림, 그리고 호흡으로 돌아감이 우리가 하는 모든 일에서 평화와 행복을 유지하기 위한 열쇠임을 보여준다.

제8, 제9, 제10 수행법은 소통, 사랑의 말, 승가의 설립, 공동체의 화합 등의 이슈들을 다루고 있는데, 그런 이슈들이 생겨났던 전쟁으로 황폐해진 환경에서만큼이나 오늘날도 절실한 이슈다. 그 수행법들은 정사유(正思惟), 정어(正語), 정업(正業)의 모델을 제공하고, 부처님이 가르치신 모든 것을 포괄하는 초종파적 관점에서 사회적 부정의와 억압에 맞서 발언할 필요성을 절대 놓치지 않는다.

제11 마음챙김 수행법은 인간이라는 종뿐만이 아닌 지구 행성의 존속을 위해 올바른 생업[正命]이 얼마나 중요한지를 보여준다.

살생을 금하는 전통적인 불교의 충고는 제12 마음챙김 수행법에서 설명하고 있다. 이 수행법에서는 생명을 존중해야 하며 파괴하지 말라고 명하고, 우리의 생각이나 삶의 방식에서 어떤 살생도 지지하지 말 것을 명한다.

그리고 제13 수행법인 훔치지 않기[불투도不偸盗]는 물건이 잔뜩 쌓여 있는 한 나라의 곳간이 결국 다른 나라의 곳간을 텅 비게 만드는 일과 연결되어 있음을 지적한다. 사람과 다른 생명을 고통에 빠지게 하면서 이익을 얻는 것이 윤리적인 문제라는 사실을 말하고 있다.

마지막 마음챙김 수행법은 무책임한 성적 행위로 일어나는 고통을 다루면서, 성적 욕망으로 인해 자신과 타인에게 상처를 주지 않도록 성적 에너지를 관리하도록 가르쳐준다. 이 조항에서 생명 존중과 고통을 끝내기로 약속하는 것은, 성적 관계의 분야에서도 정치적, 사회적 영역에서만큼이나 현실적인 문제임을 상기시켜준다.

접현종의 14가지 마음챙김 수행법은 마음을 챙기면서 살아가기를 원하는 모든 사람을 위한 지침이다. 우리는 윤리적인 마음챙김의 생활을 통해 평화와 고요함을 길러서, 이 사회가 탐욕과 소비주의에 기반한 사회로부터 사려 깊고 자비로운 행동이 가장 가치 있는 사회로 전환하도록 도울 수 있다. 접현종의 14가지 마음챙김 수행법은 정견 및 팔정도의 다른 부분에 대한 부처님의 가장 심오한 가르침을 구현하고 있다. 그것들은 세계적인 영성과 윤리에 기여한다.

세계의 모든 위대한 종교와 마찬가지로 불교에서도 윤리적 지침을 구현하고 마음챙김을 우리의 일상생활에 적용하는 것은, 더 자비로운 사회로, 곧 모든 대소사의 신성함이 드러나는 사회로 이끌어준다. 응용 마음챙김에 대한 이런 가르침은 오늘날 세상을 위한 희망의 횃불이다.

제1부 접현종

The Order of
Interbeing

접현(接現)의 의미°

이 책은 나, 틱낫한이 부여한 접현종이라는 베트남 이름에 관한 설명으로 시작한다. 종단의 본질은 종단 이름의 의미를 이해할 때 가장 잘 이해할 수 있기 때문이다.

'인터빙 종단'(Order of Interbeing)은 베트남어로는 접현종(接現宗, Tiếp Hiện Order)이라고 한다.● 접현(接現)이라는 단어에는 많은 의미가 있다.

'접(接)'에는 세 가지 뜻이 있다. 접의 첫째 의미는 받는다는 뜻이다. 우리는 무엇을 받는가? 우리는 선조들로부터 선함, 아름다움, 통찰, 도덕감을 받는다. 그리고 영적 조상들로부

○   베트남어 발음으로는 '띠옵 하이온(Tiếp Hiện)'이 된다. 베트남어에도 한국어처럼 한자에서 나온 단어가 많은데 일반인은 거의 한자를 모른다고 한다. 사정이 이렇다면, '접현'이라는 단어는 틱낫한 선사가 전통에서 잊혀진 단어를 찾아내서, 베트남만이 아니라 세계를 대상으로 새로운 사상을 편 셈이다.

●   제3부 접현종 종헌 참조.

터 경이로운 다르마, 즉 우리를 통찰과 깨달음으로 이끌어주는 가르침을 물려받는다. 따라서 접현종 종원이 가장 먼저 해야 할 일은 선조들이 우리에게 물려준 선하고 아름다운 자질을 받을 수 있어야 한다. 예를 들면, 안정적으로 수행하고 있는 스승이나 형제자매가 마음챙김과 집중으로 종(鐘)을 초대하는 것을 보면서, 당신은 그들로부터 종을 초대하는 법을 배울 수 있다. 당신이 비구, 비구니, 또는 재가신자라고 해도 안정적인 수행자에게서 많은 것을 배울 수 있다. 오롯이 주의를 기울여 세밀하게 관찰하면 전법(傳法)은 매우 빠르게 일어난다. 그들이 걷고, 서고, 교류하는 방식이 우리에게 전해져 온다. 우리가 해야 할 일은 오직 관찰하는 것이고, 관찰하면 받을 수 있다.

우리는 부처님과 조사(祖師)에게서, 또 스승과 열심히 수행하는 동료 형제자매에게서도 받을 수 있다. 때로는 우리보다 젊은 사람들이 전법을 더 잘 구현할 수 있으므로 그들에게서 받고 배울 수 있다. 우리는 돈이나 보석이 아니라 정법(正法)을 유산으로 받는다. 우리는 모두 스스로에게 물어볼 수 있다. '내가 상속받은 유산은 얼마나 될까?', '조사들은 이 귀중한 유산을 간절하게 물려주려 하시지만, 우리는 그것을 받을 준비가 되어 있거나 받을 능력이 있을까?' 다르마를 배우고 수행하는 것은 받는 과정이다. 우리가 전해 받은 것을 실제로 수행으로 옮기면, 우리는 바로 혜택을 받는 셈이다. 우리는 우리의 유산으로부터 영양분을 얻는다.

'접'의 두 번째 의미는 이어간다는 것인데, 끈 두 개를 묶어 더 긴 끈을 만드는 것과 같다. 그것은 부처님에게서 시작하여 그날 이래 지금까지 계속되고 있는 깨달음의 법맥을 이어가고 영속화하는 것을 의미한다. 우리는 부처님, 조사, 금생의 스승, 한 핏줄의 선조를 이어간다. 효심이 깊은 사람은 조상의 깊은 염원을 계속해서 실천하는 사람이다. 스승에게 충직한 제자는 스승의 소명을 이어갈 수 있는 사람이다. 우리가 스승의 뒤를 이어가고 싶다면 스승의 염원을 받아들이고 실현하기 위해 수행해야 한다.

'접'의 세 번째 의미는 접하는 것이다. 먼저 우리는 경이로운 지금 이 순간에 접하고, 우리 안과 주변에 존재하는 생명의 기적에 접하고 있다. 우리가 접하고 싶다면 우리의 껍데기에서 나와서 생명의 경이로움(눈송이, 달빛, 아름다운 꽃)을 분명하고 깊이 봐야 한다. 동시에 우리는 존재하는 모든 고통 즉, 공포, 불안, 굶주림, 질병 및 억압도 인지해야 한다. 우리가 이 모든 것과 접하지 않는다면 우리는 참으로 살아 있는 것이 아니다. 우리가 생명에 접하면 영양분을 공급받고 변화하고 성장한다. 따라서 접한다는 것은 우리 자신의 고통뿐만 아니라 우리 환경 안의 고통, 가족과 사회 안의 고통과도 접하는 것을 의미한다. 일단 우리가 이 고통을 진정으로 이해하게 되면, 우리는 그것을 변화시키기 위해 무엇을 해야 할지, 하지 말아야 할지를 알게 될 것이다. 고통에 접하는 일은 우리 자신과 다른 사람들을 더 잘 이해하고 사랑하도록, 그리고 우리가 변화하게끔 도와준다.

많은 사람이 마음의 내면 세계와 주변의 외부 세계를 구별한다. 그러나 이 둘은 별개가 아니다. 그것들은 같은 현실에 속해 있다. 안과 밖, 내면·외면이라는 관념은 일상생활에는 도움이 되지만 궁극적인 실재를 경험하는 데 장애가 될 수 있다. 우리가 마음을 깊이 들여다보면 동시에 세상도 깊이 볼 수 있다. 세상을 이해하면 우리 마음도 이해하게 된다. 이것을 '마음과 세계의 일치'라고 한다.

현대 기독교는 수직적 신학과 수평적 신학의 관점에서 말하는데, 수직축은 하나님과의 영적 관계를 나타내고 수평축은 인간들과의 관계를 나타낸다. 불교에서 우리도 이런 식으로 생각하긴 하지만, 불교에서는 수직의 차원과 수평의 차원은 하나다. 수평의 차원을 파고 들어가면 수직의 차원을 발견하고, 그 반대도 마찬가지이다. 수직적 차원에 깊이 접하면, 수평적 차원을 발견하게 된다. 이것이 '접한다'는 말의 진정한 의미이다.

▽

접현종이라는 이름의 두 번째 부분 현(現, Hiện)에는 네 가지 의미가 있다. 우선 '현재(現在)의 순간'을 의미한다. 현재의 순간, 곧 지금 이 순간에 우리가 접하는 것은 생명 그 자체이다. 우리는 정토나 하나님의 왕국을 접한다. 때때로 그 단어는 견(見)으로 번역되는데, 우리 주변에서 일어나는 일의 목격을 의미한다. 우리에게 허용되는 유일한 삶의 순간은 지금 이 순간이다. 이 순간이야말로 실재하는 유일한 순간이다. 우리가 바라는 평화는 먼 미래에 있는 것이 아니라 지금 이 순간에 실현할 수 있는 것이다. 불교를 수행한다는 것은 미래의 행복과 평화, 그리고 해탈을 위해 지금 곤경을 견딘다는 것을 의미하지 않는다. 수행의 목적은 사후에 어떤 극락이나 불국토에 다시 태어나는 것이 아니다. 그 목적은 우리 자신과 타인을 위해 평화와 행복을, 지금 이 순간에 접하는 것, 우리가 살아서 숨 쉬는 동안에 접하는 것이다. 수단과 목적은 분리될 수 없다. 수행자로서 수단에 관심을 가지는 것은 우리가 원인과 결과가 하나임을 알기 때문이다. 해탈한 사람이라면 "이것은 목적을 위한 수단일 뿐이야"라고 말하지 않을 것이다. 앉거나 걸을 때나 청소할 때나 일할 때나 봉사할 때, 우리는 우리 안에서 평화를 느껴야 한다. 좌선의 목적은 앉아있음을 즐기는 것, 좌선하는 동안 평화롭고 온전히 살아 있는 것이다. 굶주린 사람이나 병자를 돕는다는 것은, 그러는 동안 평화롭고 사랑이 넘치며 자비롭게 된다는 것을 의미한다. 수행할 때 우리는 그 수행이 미래에 큰 보상을 줄 것이라고 기대하지 않으며, 열반이나 정토를, 깨달음이나 불성을 이루기를 기대하지 않는다. 불교의 비결은 지금 여기에 깨어 있는 것이다. 평화로 가는 길은 없다. 평화가 바로 길이다. 깨달음에 이르는 길은 없다. 깨달음이 길이다. 해탈에로의 길은 없다. 해탈이 길이다.

'현'의 두 번째 의미는 지금 이 순간에 발생한다는 뜻이다 (hiện pháp, 현법現法에서와 같이). 이것은 또 견법(見法)으로도 번역할 수 있는데, 지금 이 순간에 일어나는 일을 우리가 본다는 뜻이다. 우리가 보는 것은 폭풍에 흔들리는 소나무, 번개와 구름과 비이지만, 우리를 안아주는 승가라는 본체도 인지의 대상이다. 우리는 이것들 모두에 접할 수 있다. 우리는 세상에서 일어나는 고통을 보고 또 접할 필요가 있다. 우리는 상아탑, 즉 우리의 이성과 이데올로기 안에 머물러서는 안 된다. 우리는 현실에 깊이 접하고 현실의 경이로움을 체험해야 한다. 우리가 실제로 일어나고 있는 일과 접할 수 있을 때만 "지금 이 순간에 행복하게 머무는(dṛṣṭa-dharma-sukha-vihāra)" 수행을 실현할 수 있다. 이것은 매 순간 평화롭고 즐겁게 사는 법문이다.

'현'의 세 번째 의미는 우리의 목표를 현실로 만드는 것이다(thực hiện, 실현實現에서와 같이). 이해와 자비에 대한 생각만으로는 부족하다. 이해와 자비는 우리 삶에서 현실이 되어야 한다. 우리는 이해와 자비를 보고, 접하고, 느껴야 한다. 우리의 삶에 이해와 자비가 참으로 현존하면 고통이 줄어들고 기쁨이 생길 것이다. 이러한 변화는 우리 자신과 자연 사이에, 우리의 기쁨과 타인의 기쁨 사이에 화합을 이룬다. 일단 우리가 이해와 자비의 원천에 접하게 되면 우리의 행동은 자연스럽게 생명을 보호하고 해치지 않을 것이다.

기쁨과 행복을 다른 사람과 나누길 원한다면, 우리 안에 기쁨과 행복이 있어야 한다. 평온과 고요함을 함께 나누고 싶다면, 우리 자신 안에서 먼저 그것들을 실현해야 한다. 평온하고 평화로운 마음이 없다면 우리의 행동은 세상에 더 많은 문제와 파괴를 낳을 뿐이다.

우리의 수행이 숙성하거나 현실이 되는 것이 바로 실현(thực hiện)이다. 우리의 염원은 자유를 실현하는 것이다. 자유가 있을 때 비로소 진정한 행복이 실현된다는 것을 우리는 알고 있다. 우리는 우리를 감금하고 있는 집착, 증오, 질투의 그물에서 벗어나고 싶다.

상응부경전(《상윳따 니까야》)에는 매우 짧은 경이 있는데, 그 경에서 한 신은 방랑하는 비구와 비구니들이 얼마나 자유롭게 여행하는지 관찰하고, 다음 구절에서 집착의 그물에 걸리지 않은 것에 대해 그들을 칭찬했다.

> 덫에서 벗어난 사슴들처럼
> 사방으로 자유롭게 달리네.
> 부처님의 출가 제자들
> 그들처럼 자유롭고 편안하네.

비구와 비구니는 덫에 걸리지 않고 자유롭게 달리고 뛰는 사슴처럼 되기 위해 수행한다. 이 경전은 많은 승려가 우안거(雨安居) 동안 숲에 거주하고 있었다고 알려준다. 그들은 매일 좌선, 걷기 명상, 법담, 침묵 속에서 마음챙김의 식사를 했고, 3개월 동안의 안거 기간 내내 큰 행복을 누렸다.• 그 숲속에서 사는 많은 신들은 승려의 존재에서 이익을 얻으면서 아주 행복했다. 3개월이 지나자 모든 승려는 시골로 여행을 떠났고 숲은 적막해졌다. 승려들이 떠난 것을 알고 여러 신 중 한 신은 매우 슬퍼하며 울었다. 다른 신들이 그에게 물었다. "왜 우느냐?"고.

그 신이 대답했다. "지난 3개월 동안 많은 승려가 여기에서 안거하며 좌선 수행을 했고, 법담을 하고 침묵 속에서 식사

• 법담(Dharma sharing)이란 수행하는 동안 겪은 기쁨과 어려움, 경험을 앉아서 나누는 시간이다.

했다. 너무 평화롭고 즐거웠다. 이제 그들은 모두 가버렸다. 그들은 어디로 갔을까?"

다른 신이 대답했다. "그들은 코살라, 베살리 등 여러 곳으로 갔다." 그들은 자유로운 사람들, 그들을 잡기 위해 쳐놓은 덫을 피한 사슴들처럼 자유로운 사람들이다. 사방으로 자유롭게 달리고 뛸 수 있다. 부처님의 제자들은 그와 같은 자유와 행복을 누린다.

실현, 곧 우리의 염원을 실현한다는 것이 수행센터를 짓는다는 뜻은 아니다. 유럽 응용불교연구소나 우리의 다른 수행 센터가 아무리 크고 인상적이어도 가장 중요한 실현은 아니다. 접현은 수행의 실현이다. 수행자가 실현해야 할 것 중에서 가장 중요한 것은 자유다. 그것이 비구, 비구니, 재가자가 가야 할 목표이자 방향이다.

출가자든 재가자든 부처님의 제자로서 우리는 속박이나 예속의 삶을 살고 싶지 않다. 자유를 원한다면 정진해야 한다. 수행자의 가치는 일상의 수행에 있다. 그 수행은 지위, 명예, 명성, 이익, 감각적 욕망 등 기만적인 그물에서 우리를 해탈시킬 수 있다.

'현'의 네 번째 의미는 현대적 요구에 부응하는 것이다. 현대화(現代化, hiện đại hoá)라는 말이 바로 그것이다. 이것은 우리가 실천하고 가르치는 법이 부처님 가르침의 정신과 일치하면서도 대상이 되는 청중에게 적합해야 하고, 우리가 살고 있는 시대에 적절해야 한다는 것을 의미한다.

이렇게 다양한 의미의 접현이라는 단어를 어떻게 영어로 번역할 수 있을까? 바로 이 때문에 우리는 우리 종단에 영어 이름을 붙일 필요가 있을 때, 'Order of Interbeing'이라는 이름을 붙였다. 'Interbeing'이라는 단어는《화엄경》의 가르침 안에서 발견되는 한자의 번역이다. 베트남어를 모른다면 한자에서 유래된 접현(接現)이라는 단어의 의미를 알아두는 것이 좋다. 이 두 단어의 의미를 알면 접현종의 핵심을 이해하고 종단 수행의 본질을 알게 될 것이다.

이 두 베트남 단어를 이해함으로써, 우리는 참여불교, 즉 사찰의 경계 안에 머물지 않고 세상에 참여하는 불교가 무엇을 의미하는지 더 잘 이해할 수 있다. 사찰은 우리의 삶에서 단절된 곳이 아니다. 사찰은 묘목을 심기 위한 묘목 정원으로 여겨야 한다. 사찰은 세상에서 실천할 수 있는 법문을 개발하고 유지하는 곳이다. 불교는 세상을 위해 존재한다. 불교는 불교를 위해 존재하지 않는다. 세상이 없다면 불교도 필요 없을 것이다. 사찰에서 우리는 보호받고 있어서, 성장하기에 적합한 조건을 가지고 있지만, 우리가 일단 성장하면 우리는 사회적 행동을 해서 세상의 고통을 덜어주어야 한다.

참여불교와 응용불교

한자에는 참여불교(Engaged Buddhism)에 해당하는 분명한 용어가 없지만 인세불교(人世佛教)라는 표현은 있는데, 이는 '세계나 사회 속의 불교'를 의미한다. 이는 참여불교와 같다. 1930년부터 베트남에서는 불교를, 사람들의 일상과 더 관련이 있고 일상에 응답하는 불교로 만드는 운동이 시작되었다. 그 당시 불교 잡지들은 '세계 속의 불교'에 대해 막 쓰기 시작했다.

내가 10살 정도의 아이였을 때 이미 이러한 불교의 영향력을 느끼고 있었다. 나는 잡지와 책을 읽고 과거에 불교가 우리나라에 평화와 안정을 가져오는 데 중요한 역할을 했다는 것을 알았다. 나는 역사 공부를 하면서 왕부터 신하와 백성에 이르기까지 모든 사람이 불교를 수행했던 리(Lý)와 쩐(Trần) 시대에 나라가 얼마나 번성했는지 깨달았다. 불교는 국가 전체의 영적 힘이자 수행이었다. 리와 쩐 왕조의 왕과 대신들은 이 수행에 정통했다. 쩐 왕조의 초대 왕은 쩐 타이 통(陳太宗, Trần Thái Tông)이었다. 정치인으로서 그는 통치 문제에 많은 시간을

할애해야 했지만, 여전히 매일 6번, 명상과 짧은 참회 의식을
치를 시간을 찾을 수 있었다.

왕은 스무 살에 큰 고통을 겪었고 그 결과로 승려가 되려
는 강한 염원을 갖게 되었다. 그가 성공적으로 고통을 이기고
선한 왕으로 남도록 도와준 것은 불교 수행이었다. 그는 불교
를 폭넓게 공부했고 명상 속에서 깊이 들여다보기를 수행했
다. 그는 오늘날에도 여전히 존재하는 명상 수행에 관한 책을
저술했다. 여기에는 《명상 수행용 43개의 공안》과 《6개의 일
상 참회 전례문》이 포함된다. 그는 2시간마다 하던 일을 멈추
고 20분 동안 수행한 다음 다시 국정을 시작했다. 오늘날의 세
계 지도자 중 누가 이렇게 할지 심히 의심스럽다. 영적인 삶은
우리에게 영양분을 공급하고, 선한 정치 지도자, 국가수반이
될 수 있도록 안정감과 통찰력을 제공한다. 우리는 다음과 같
이 말해서는 안 된다. "나는 할 일이 너무 많아. 걷기 명상 수행
은 불가능해." 만일 왕이 하루에 여러 번 수행할 수 있었다면,
우리 중 누가 할 일이 너무 많아서 수행할 수 없다고 변명할 수
있을까?

참여불교는 1930년에 시작된 것이 아니라, 불교 전통의
시초부터 존재해 왔다.

우리는 '참여불교'라는 표현뿐만 아니라 '응용 불교'라는
용어를 사용하는데, 이는 응용과학, 응용 물리학 및 응용 수학

과 같은 다른 응용 분야들과 같다.

우리는 불·법·승 삼보의 의미에 대해 가르칠 때 사람들에게 이 가르침을 일상생활에 적용하는 방법도 보여주어야 한다. 우리가 "나는 부처님께 귀의한다"(팔리어로 Buddhaṃ saranaṃ gacchāmi)를 봉독할 때, 우리가 진정으로 귀의하는 방법을 모르면, 이것은 오직 말, 단순한 선언에 불과하다. 진정으로 귀의하기 위해서는 마음챙김, 집중, 통찰의 에너지를 일으켜야 한다. 이러한 에너지가 우리를 지켜줄 때만, 삼보의 에너지도 우리를 지켜줄 수 있다.

우리는 다음 게송의 도움으로 삼보에 귀의하는 수행을 한다.

부처님은 저의 섬,
저에게 하나의 섬으로서
가까이 또 멀리 빛나는
마음챙김이시네.
법은 몸과 마음을 지키는
호흡이시네.
승가는 화합해서 일하는
오온이시네.

우리는 호흡을 알아차림으로써 자신을 갈고닦아서, 마음챙김, 집중, 통찰의 에너지를 내도록 해야 한다. 우리가 이렇게 할 수 있다면, 우리가 진정으로 삼보에 귀의하여 삼보의 보호를 받고 있다는 것을 의미한다. 우리가 버둥거리고, 의기소침해지고, 다음 순간에 무엇을 해야 할지 모를 때, 바로 그 순간이 우리가 되돌아와 삼보의 에너지에서 안식처를 찾아야 할 때이다. 귀의함이 바로 수행이다. 그것은 희망적 사고도 하나의 믿음이나 선언도 아니다. 우리가 난관을 겪으면서 균형을 잃었을 때, 마음챙김, 집중과 통찰력을 계발해야 한다.° 이 수행을 통해 우리는 안정을 되찾고 상황을 더 명확하게 볼 수 있으며, 이를 통해서 해야 할 것과 하지 말아야 할 것을 알 수 있게 된다. 그것이 응용불교다. 우리는 그것을 우리 자신의 삶에 적용하여 우리가 처한 난관을 헤쳐나가야 한다.

우리가 삼보에 대해 아무리 번지르르하게 말해도, 우리의 가르침을 삶에 적용할 수 없다면 응용불교라고 할 수 없다. 그것은 단지 이론적인 불교일 뿐이다. 서양에는 불교학 박사 학위를 수여하는 대학이 많이 있지만, 그런 불교학은 응용 불교학은 아니다. 불교학을 공부하는 학생들이 자신의 삶에서 난관에 부딪혔을 때, 그리고 무엇을 해야 할지 모를 때, 그들을

° 각각 지(止)와 관(觀)을 가리키는 것 같다.

진정으로 도울 수 있는 불교학이 필요하다.

사성제(四聖諦), 팔정도(八正道), 오근(五根), 오력(五力), 칠각지(七覺支) 등 우리가 가르치는 것이 무엇이든 그것을 일상에 적용할 수 있어야 한다. 순수 이론은 안 된다. 우리는 《법화경》이나 《화엄경》에 대해서 유창하게 말할 수 있다. 우리는 《금강경》을 매우 능숙하게 분석할 수 있지만, 우리의 말은 단지 지성을 만족시키기 위한 것이다. 스스로 자문해 보아야 한다. "내가 무엇을 해야 할지 모를 때, 내가 괴롭고 절망 속에 빠져 있을 때, 어떻게 《법화경》이 나에게 도움이 되게 할 수 있을까? 《금강경》, 사성제, 팔정도를 내 인생에 어떻게 적용할 수 있을까? 이런 질문들에 답할 수 있을 때 그것이 응용불교이다. 응용불교의 목적은 참여불교를 보완하는 것이다. 베트남뿐만 아니라 전 세계 대학의 불교학은 매우 지적이고 이론적인 경향이 있는데, 우리에게 진정으로 필요한 불교학은 응용불교학이다. 연구에는 수행이 따라야 한다. 우리는 출가 또는 재가의 법사로서 우리에게 와서 가르침을 구하는 모든 사람에게 응용불교를 제공하고, 일상에서 응용불교의 모범이 되어야 한다. 우리는 우리가 수행한 것만을 가르친다. 우리는 우리가 깨달을 수 있었던 것을 가르친다.

마음챙김 수행법

접현종의 종원은 14가지 마음챙김 수행법을 지키고 행하기로 약속한다. 우리는 그것들이 금계(禁戒)가 아니라 수행이라고 생각해서, 계율보다는 마음챙김 수행법이라고 부른다. 그것들은 우리의 자유를 제한하지 않고 우리를 보호한다. 그것들은 우리의 자유를 보장하고 우리가 난관이나 혼란에 빠지는 것을 막아준다. 그것들을 수행하면 큰 기쁨을 가져다준다. 우리는 수행법들이 하늘에서 떨어진 것이 아니라 우리 자신의 마음챙김의 수행, 집중, 통찰의 결실임을 안다.

팔리어《법구경》에서 다음과 같은 구절이 나온다.

마음이 모든 법을 앞서고, 마음은 모든 법의 주인이다.●
모든 법은 마음이 낸 것이다. 나쁜 마음을 가지고 말하면
그 뒤에는 괴로움이 따라오기 마련이다. 마치 수레바퀴가

● '모든 법(all dhammas)'은 우리가 지각하는 모든 현상과 사건을 말한다.

소의 발자국을 따르듯이.°

마음이 모든 법을 앞서고, 마음은 모든 법의 주인이다. 모든 법은 마음이 낸 것이다. 청정한 마음을 가지고 말하면 행복이 그를 떠나지 않으리라. 마치 그림자가 몸을 떠나지 않는 것처럼.°°

이것이 부처님의 가르침이다. 마음이 최고이고 토대이다. 그래서 마음과 관련된 수행법을 먼저 제시하고, 말과 몸에 대한 수행법은 나중에 제시하는 것이 이치에 맞다.

여기에서 말하는 수행법의 연원이 된 부처님의 가르침 중 하나는 《해룡왕경(海龍王經, Sāgara-nāga-rāja- pariprcchā sūtra)》• 이다. 이 경전에서 부처님은 10가지 계율을 제안했다. 그중 셋은 마음과 관련되어 있는데, 탐욕, 화냄[진에瞋恚], 삿된 견해[사견邪見]를 여의는 것이다. 정어(正語)와 관련해서는 네 개의 계율이 있다. 거짓말[망어妄語]을 하지 않고, 한 사람에게 이 말을

°   心爲法本 心尊心使 中心念惡 卽言卽行 罪苦自追 車轢於轍
°°   心爲法本 心尊心使 中心念善 卽言卽行 福樂自追 如影隨形
•   《대정신수대장경》598.

다른 사람에게는 다른 말을 함[양설兩舌]으로써 분열을 일으키지 않는 것, 모욕하지[악구惡口] 않고, 과장하지[기어綺語] 않는 것이다. 그리고 육체적 행동과 관련된 세 가지 계율이 있다. 살생하지 않고, 훔치지[투도偸盜] 않고, 해로운 성행위[사음邪婬]를 하지 않는 것이다.

그러나 우리는 《해룡왕경》에 설명된 마음챙김 수행법을 우리 시대의 고통을 다룰 수 있도록 제시할 필요가 있으므로, 그것을 오늘날의 사정에 더 적합하게 재구성했다. 그리고 모든 것을 10개의 계율에 담기가 어려워서 14개로 만들었다. 14가지 마음챙김 수행법은 테라바다 불교와 대승불교 모두의 필수적인 가르침인 팔정도를 반영한다.•

팔정도는 모든 불교 수행의 기초라고 할 수 있다. 팔정도 역시 마음에서, 즉 바른 견해(정견)와 바른 생각(정사유)에서 시작된다. 우리는 14가지 수행법을 세 가지 범주로 정리할 수 있다. 처음 일곱은 마음을 다루고, 다음 두 가지는 말을 다루고, 마지막 다섯은 몸을 다루지만, 우리는 이 구분이 절대적이지 않다는 것을 깨닫게 된다. 깊이 들여다보면, 하나의 수행법은 다른 모든 수행법을 포함한다는 것을 알기 때문이다.

• 틱낫한의 *The Heart of the Buddha's Teaching* (Berkeley: Parallax Press, 1998); (New York: Harmony Books, 2015) 참조.

14가지 마음챙김 수행법 개정하기

계율이나 수행법을 개정하는 일은 부처님 당시에도 있었다. 사회가 변하면 새로운 상황에 대응하기 위해 수행법을 제시하는 방식도 변해야 한다. 그래서 5가지 수행법과 14가지 수행법의 새 버전을 만들 때 승가에서 집단적으로 작업이 진행되었고, 여기에 많은 법사가 참여했다. 따라서 승가에 있는 누구든 어떤 통찰력과 아이디어를 제공하고 싶다면 승가의 법사에게 연락하여 그것을 제안하도록 권장받는다. 아이디어나 제안은 기록되어서, 다음번 수행법이 개정될 때 사람들이 그 제안을 숙고하고 고려하도록 노력할 것이다. 우리는 하나의 승가로서 이런 식으로 행동한다. 수행하다 보면 나중에는 개정안이 나오기 마련이다.

내가 원래 《해룡왕경》에 나오는 10개의 계율을 우리 시대에 더 적합하게 만들려고 했던 것처럼, 우리도 주기적으로 14가지 마음챙김 수행법을 개정하고 새롭게 해야 한다. 14가지 마음챙김 수행법의 첫 개정은 도입 이후 거의 30년이 지난

1993년에야 이루어졌다. 얼마 지나지 않아 1996년에 두 번째 개정이 이루어졌고, 16년 후 2012년에 세 번째 개정이 이루어졌다. 다양한 전통에 속한 전 세계 사람들이 14가지 마음챙김 수행법을 높이 평가하고 이를 즐겨 행한다. 그러나 우리 사회와 끊임없이 변화하는 세상에서 우리가 직면한 문제를 반영하기 위해 수시로 개정해 나가야 한다.

14가지 마음챙김 수행법의 최신 개정판은 5가지 마음챙김 수행법의 최신 개정판 직후에 나왔고, 5가지 수행법 안에 있는 새로운 요소들은 14가지 수행법에 포함되었다. 둘 다 응용불교 윤리를 구체적으로 표현한 것이다. 5가지 수행법은 14가지 수행법에, 14가지 수행법은 5가지 수행법에 반영되어 있다. 2009년에 5가지 마음챙김 수행법은 두 번째로 개정되었다. 먼저 5가지 수행법을 개선하기 위해 14가지 마음챙김 수행법에서 핵심적 요소를 가져왔고, 2012년판 14가지 마음챙김을 개정할 때, 14가지 마음챙김을 개선하기 위해 5가지 수행법의 핵심 포인트를 가져왔다. 현재의 5가지 마음챙김 수행법은 보살계와 같다.● 5가지 마음챙김을 수행하기만 하면 보

●　보살계는 전통적으로 비구계와 비구니계를 보완하는 것으로, 이 계율을 단순히 금지의 성격을 지닌 것을 넘어서서, 자비행의 방향으로 보완하여 긍정적인 것으로 만든다. 베트남에서는 비구와 비구니가 완전한 수계를 받을 때 전통적인 보살 계율도 받는 것이 하나의 전통이다. 플럼빌리지에서는 비구와 비구니는 14가지 마음챙김 수행법을 보살 계율로서 받는다.

살이 될 수 있다. 14가지 마음챙김 수행법은 처음에는 보살 계율의 일종으로 고안되었다.

수행법이 개정되기 위해서는 출·재가 수행자 중 연장자로 구성된 위원회가 공동 작업해서 개정의 예비 초안을 만든다. 위원회가 최종 초안을 작성하면 그 개정안을 수락하기 위해 종단 총회가 열려야 한다.

개정 과정에서 당시 사회 상황이 요구한다면, 새로운 수행법을 위한 공간을 만들기 위해 하나 또는 여러 개의 마음챙김 수행법을 통합할 수도 있다.

부처님은 45년의 전도 기간 동안 자신의 가르침과 수행 방식을 크게 바꾸었다. 법륜은 매일 조금씩 움직여야 한다. 플럼빌리지의 역사를 보면, 우리는 스스로 항상 발전하고 있으며 더 효과적인 새로운 수행법을 항상 발견하고 있음을 알 수 있다. 바로 이 때문에 우리는 수시로 수행법을 개정해야 한다. 정보기술 분야에서는 매년 새로운 종류의 소프트웨어가 등장한다. 교육 분야에서는 매년 새로운 방법론과 교과서가 등장한다. 불교에서도 마찬가지로 진보가 있어야 한다. 진화의 수레바퀴는 계속 돌고 있어야 불교가 영적 리더십이라는 자신의 역할을 수행할 수 있기 때문이다. 접현종의 종원으로서 우리는 전진하는데, 그리고 법륜을 계속 돌리는 데 앞장서야 한다는 것을 알고 있다. 부처들과 조사들은 우리에게 이것을 기대하고 계신다.

제2부 14가지 마음챙김 수행법 해설

Commentaries
on the Fourteen
Mindfulness
Trainings

해설이 포함된
14가지 마음챙김 수행법•°

● 수행법의 이 개정판은 2012년 4월에 최종 확정되었다.

○ 이 수행법은 2022년 추가로 개정되었다. 개정 내용은 해당 수행법 하단에 각주를 추가하여 표시하였다.

제1의 마음챙김 수행법

마음의 개방°

우리는 광신주의와 불관용이 만드는 고통을 깨달아, 어떠한 교리, 이론, 이데올로기, 심지어 불교의 것까지도 우상 숭배하지 않고 그것들에 얽매이지 않기로 결심합니다. 우리는 불교의 가르침을, 사물을 깊이 들여다보아서 이해와 자비 기르기를 배우는 데 도움이 되는 지침으로 간주할 것을 약속합니다. 불교는 그 자체를 위해 싸우거나 죽이거나 생명을 바치는 교리가 아닙니다. 우리는 수많은 유형의 광신주의가 사물을 이원적이거나 차별적으로 인식한 결과임을 이해합니다. 우리는 우리 자신과 세계의 독단주의와 폭력을 바꾸기 위해, 만사를 개방과 상호존재(interbeing)의 통찰력으로 바라볼 수 있도록 우리 자신을 수련할 것입니다.

○   openness를 이렇게 번역했다.

▼

14가지 마음챙김 수행법은 1966년 베트남의 불바다에서 탄생했다. 전황은 매우 뜨거웠다. 그리고 광신주의의 불길이 얼마나 뜨겁게 타올랐는지 우리는 잘 알고 있다. 첫 번째 계율은 견해에 대한 무집착, 개방, 관용에 관한 것인데, 견해에 대한 집착, 편협함, 광신주의가 많은 고통의 원인임을 우리가 알고 있기 때문이다. 우리는 핵심 공동체 또는 확장 공동체의 종원으로서, 상호존재에 대해 배우고 통찰력을 얻어야 한다는 것을 알고 있다. 우리는 독단적이어서는 안 되며, 어떤 종류의 이념이나 견해에도 집착해서는 안 된다. 그것이 부처님의 기본적인 가르침이자 접현종의 첫 번째 계율이다.

접현종 제1의 마음챙김 수행법은 불교의 개방성과 관용을 밝힌다. 불교에 따르면, 우리는 이해의 폭을 계속 확장하지 않으면 통찰의 길로 전진할 수 없다.

부처님의 가르침은 사람들을 돕는 수단이다. 그것은 그 자체로 목적이 아니며 숭배의 대상도, 싸워서 지켜야 할 것도 아니다. 이데올로기와 교리에 광신적으로 집착하는 것은 사물에 대한 새로운 시각을 배우는 것을 막을 뿐만 아니라 유혈 분쟁을 만들어 낸다. 불교의 가장 큰 적은 광신주의와 편협함이다. 종교 전쟁과 이데올로기 전쟁은 천 년 동안 인류 역사의 풍경을 망쳐왔다. 불교에는 성전(聖戰)이 설 자리가 없다. 살육은 불교가 상징하는 모든 것을 파괴하기 때문이다. 베트남 전쟁 중 생명과 도덕적 가치의 파괴는 바로 광신주의와 편협함의 결과였다. 접현종은 마치 불바다에서 피어오르는 연꽃처럼, 극단적인 고통의 시대에 태어났다. 이런 맥락에서 이해되듯이, 접현종 제1의 마음챙김 수행법은 증오와 폭력의 바다에 울려 퍼지는 부처님의 자비로운 목소리다.

상호존재의 정신에 따르면, 수행법 하나하나에는 다른 모든 수행법이 포함되어 있다. 제1의 마음챙김 수행법에는 다른 모든 수행법이 포함되며, 다른 모든 수행법에는 제1의 수행법이 포함된다. 제1의 수행법이 제12의 수행법— 모든 생명을 보호하라고 촉구하는 수행법— 의 기초임을 확실히 알 수 있다. 불교에서 행위는 신체, 언어, 마음의 3가지 영역에서 일어난다고 생각한다. 우리는 보통 살인이 신체적 행위이며 신체의 영역에서 일어난다고 생각하지만, 광신적인 마음은 한 사람뿐만 아니라 수백만 명의 인간을 죽일 수 있다. 우리가 진심으로 제1의 마음챙김 수행법 지침을 따른다면, 모든 무기는 낡은 것이 되고 만다.

불교 안에 있는 가르침과 수행은 다양하지만, 그것들은 모두 마음을 해방하는 것을 목표로 삼는다. 마음의 개방과 견해에 대한 무집착은 화해와 평화로 이어지는 모든 정진의 지침이 되는 원칙이다. 그것들은 궁극 실재와 절대 자유의 세계로 통하는 문이기도 하다.

부처님은 자신의 가르침을 강을 건너는 뗏목으로 간주하지, 숭배하거나 고집해야 할 절대 진리로 간주하지 않았다. 이데올로기에서 오는 강직함은 세계의 분쟁과 폭력의 큰 원인이 되고 있다.《칼라마경(Kālāma Sūtra)》°,《아릿타경(Arittha Sūtra, 뱀에 대한 비유의 경)》°°,《금강경(미망을 찢는 금강)》을 포함한 많은 불교 텍스트는 이 중요한 주제를 다루고 있다.

제1의 수행법은 이분법적 사고나 차별을 막도록 가르친다. 이러한 태도들은 광신주의, 편견, 불관용으로 이어지기 때문이다. 현시점에서 세계의 테러리즘과 그에 따른 반테러리즘을 관찰하면, 이 양쪽이 타자나 세계에 대한 이분법적 시각을 고집하는 데서, 즉 '그들'은 '우리'와 다르다는 생각을 고집하는 데서, 그리고 우리가 상호존재한다(interare)는 사실을 보지 못하는 데서 비롯됨을 알 수 있다.

○　《증일아함》(3.65)의 칼라마 경. 케사무티(Kesamutti) 경으로도 알려져 있다.

○○　《맛지마 니까야》, 22, 뱀에 대한 비유의 경(맛지마 니까야 제1권, 전재성 역, 한국빠알리성전협회, 2003, 교정, pp. 437 이하 참조). 이 경에서 수행승 아릿타는 까마(kāma·감각적 쾌락)가 장애가 되지 않는다는 삿된 견해를 펴다가 부처님으로부터 '어리석은 자'라는 꾸중을 듣는다.

우리는 상호존재의 본성을 관찰할 필요가 있다. 우리 모두 의식 깊숙한 곳에 꼭 바꿔야 하는 차별의 씨앗을 가지고 있기 때문이다. 핵심 공동체 또는 확장 공동체의 종원으로 수행하는 우리는, 이 이분법적 사고의 성향을 바꿔야 한다는 것을 알고 있다.

견해에 대한 집착은 현실을 더 깊이, 심오하게 이해할 수 없게 한다. 불교는 우리가 깨달음의 길로 나아가고 싶다면 우리 자신의 지식조차 초월하도록 촉구한다. 견해, 곧 견(drishti, 산스크리트 dṛṣṭi)은 '지식에 대한 장애'로 간주된다.

접현종 제1의 마음챙김 수행법은 불교가 가르치는 완전한 개방성과 절대적 관용을 향해 우리의 마음을 열도록 한다. 개방성과 관용은 일상생활에서 사람을 다루는 방법만이 아니다. 그것들은 불도를 깨치기 위한 진정한 출구이다. 불교에 따르면, 우리가 이해의 경계를 계속 확장하지 않으면, 우리는 우리의 견해에 사로잡혀 불도를 성취할 수 없게 된다.

우리 시대에, 정치, 사회학, 심리학, 윤리학, 심지어 여러 과학 분야와 사회 전반에 걸쳐 이분법적 사고는 중대한 장애가 되고 있다. 마음과 물질은 서로 독립적으로 존재하는 두 개의 서로 다른 존재로 간주된다. 지각의 주체(지각하는 자)는 지각의 대상(지각되고 있는 것)과 다른 것으로 간주된다. 하지만 이제 소립자 물리학자들은 관찰된 대상이 관찰자와는 별개의 실재가 아니라는 것을 이해할 수 있게 되었다.

　제1의 수행법에서는 비이원성(非二元性, nonduality)이라는 실재에 대한 통찰력을 얻어야 하는 필요성을 강조하고 있는데, 이런 점은 이미 5가지 마음챙김 수행법의 제1에서 간략하게 설명했다. 분리된 자아가 없다는 통찰, 상호존재에 대한 통찰, 존재하는 모든 것의 비이원적 성질에 대한 통찰을 통해, 우리는 차별, 편견, 불관용에 종지부를 찍을 수 있다.

　부처님의 설법을 읽으면 '사자후(師子吼)'라는 표현을 자주 만난다. 이것은 부처님 자신 또는 위대한 제자 중 한 명이 큰 소리로 명백히 선언한 진리라는 뜻이다. 접현종 제1의 마음챙김 수행법은 그런 사자후의 하나다. 이 수행법은 어떤 이데올로기나 사고 체계에도 사로잡히지 말라고 우리에게 충고하는 부처님의 자비로운 목소리이다.

제2의 마음챙김 수행법

견해에 대한 무집착

우리는 견해에 대한 집착과 그릇된 인식이 만든 고통을 깨달아, 편협한 마음과 현재의 견해에 얽매이지 않기로 결심합니다. 우리는 집단적 지혜로부터 수혜(受惠)를 받기 위해, 견해에 집착하지 않기를 배우고 행하며, 다른 사람의 통찰력과 경험에 열린 마음을 가질 것을 약속합니다. 우리는 현재 우리가 가지고 있는 지식이 불변의 절대적인 진리가 아님을 깨닫고 있습니다. 통찰은 자비로운 경청, 깊이 보기, 관념 내려놓기의 수행을 통해 얻어지는 것이지 이지적인 지식의 축적을 통해서가 아닙니다. 진리는 삶에서 발견되므로 우리는 매 순간 우리 내부와 주변의 삶을 관찰할 것이고, 평생 배울 준비가 되어 있습니다.

▼

제2의 마음챙김 수행법은 제1의 마음챙김 수행법에서 나온 것이면서 밀접하게 연결되어 있고, 제1의 수행법처럼 마음을 다룬다. 이 수행법은 자신의 지식이나 견해에 사로잡히지 말라고 경고한다. 지식은 생각하고 분별하는 데 꼭 필요하고, 일상생활의 여러 방면에서 도움이 될 수 있지만, 최고의 진리는 아니다.

불교에서 우리는 지식을 참된 이해의 방해로, 견해를 통찰의 장애로 여긴다. 견해에 집착하면 현실을 더 깊고 심오하게 이해할 수 없게 된다.

우리는 지금 우리가 가지고 있는 지식을 놓아버리는 방법을 배워야 한다. 사다리를 오르는 사람이 네 번째 단에 도달해서 정상에 도달했다고 생각하면 더 이상 올라갈 수가 없다. 그것이 탐구의 끝이 되고 만다. 다섯 번째 단에 도달하려면 그것이 존재한다는 것을 알아야 한다. 이 단에 이르기 위해서는 네 번째 단을 포기해야 한다. 우리는 자신이 알고 있다고 생각하는 것에 사로잡혀서는 안 된다. 더 높은 단계의 지식과 이해에 도달하기 위해 우리가 알고 있는 것을 놓아버릴 준비가 되어 있어야 한다. 불교 전통에서는 우리가 알고 있는 것의 놓아버림을 배우는 것이 가장 중요하다.

부처님은 우리에게 상호존재의 눈으로 사물을 보라고, 모든 사물이 연생(緣生)한다는 것 — 즉 연기적으로 일어난다는 것(pratītya samutpāda) — 을 인식하라고 가르친다. 이런 식으로 보게 되면, 우리는 각 사물이 개별적인 정체성을 가지고 있는 것처럼 보이는 세계로부터 해방된다. 사물이 상호존재하며 의존적인 연생의 성질을 가진 것으로 보는 마음은 무차별적 지혜의 마음이라고 불린다. 우리는 이 지혜를 정견, 곧 모든 견해를 초월하는 정견이라고 부른다. 선불교에서는 이런 통찰을 묘사하는 표현이 있는데, "말의 길이 막혔고, 마음의 길이 끊어졌다."°는 표현이 바로 그것이다.

"진리는 삶에서 발견되는 것"이지 단순히 개념적 지식 속에서 발견되는 것이 아니다. 우리는 우리 자신과 세계의 현실을 항상 관찰하면서 이런 진리를 실천하고 있다. 삶을 지속적으로 관찰한다는 것은《사념처경(Satipaṭṭhāna Sutta)》에 간략하게 설명된 방식대로, 마음챙김을 수행한다는 것을 의미한다. 이 경은 우리 몸[身], 느낌[受], 마음[心], 그리고 마음의 대상[法] — 즉 우리 주변의 세계 — 에서 무슨 일이 일어나고 있는지 알아차리는 방법을 알려준다. 마음챙김 수행은 우리가 집중[止]과 통찰[觀]을 기르는 데 도움이 되고, 그러면 우리는 현실을

○   언어도단(言語道斷) 심행처멸(心行處滅).

있는 그대로 볼 수 있다.

《백유경(百譬経)》에서 부처님은 젊은 상인과 아들의 이야기를 들려주신다. 홀아비 상인이 아들을 지극히 사랑했지만 지혜가 없어서 아들을 잃고 말았다는 이야기다. 어느 날 상인이 집을 비운 사이 어린 아들이 도적단에 유괴당했다. 이 도적 무리는 마을 전체를 파괴하고 도망쳤다. 젊은 상인이 집에 돌아왔을 때 집이 있던 장소 근처에서 검게 탄 아이의 시신을 발견했고, 그는 고통과 혼란 속에서 검게 탄 시신을 자신의 아들로 착각했다. 그는 끊임없이 울고 화장식을 한 다음 재 주머니를 목에 걸고 밤낮으로 돌아다녔다. 몇 달 후, 그의 어린 자식은 도적으로부터 도망쳐, 집으로 돌아오는 길을 찾을 수가 있었다. 한밤중에 새로 지어진 아버지의 집 문을 두드렸지만, 아버지는 짓궂은 아이들이 자신을 놀리는 줄 알고 문을 열어주지 않았다. 소년은 문을 두들기고 또 두들겼지만, 상인은 아들이 죽었다는 생각에 사로잡혀 결국 아들은 떠나갈 수밖에 없었다. 잘못된 생각을 내려놓지 못한 이 아버지는 아들을 영원히 잃고 말았다.

부처님은 우리가 견해에 집착하면, 진리가 우리의 문을 두들겨도, 우리는 그 진리를 들어오지 못하게 할 것이라고 말씀하셨다.

이 수행법은 지혜, 혹은 통찰이 집단적임을 지적한다. 현

시대 같은 개인주의 시대에, 우리는 자신의 견해가 옳다고 쉽게 믿고, 다른 사람의 견해를 경청하기를 잊어버리곤 한다. 하지만 다른 사람의 말을 경청하면 진리에 더 가까워진다.

제3의 마음챙김 수행법

사상의 자유

우리가 다른 사람에게 우리의 견해를 강요할 때 초래되는 고통을 깨달아, 권위, 위협, 금전, 선전, 세뇌 등 어떤 수단으로도 다른 사람에게, 심지어 우리의 자녀에게도 우리의 견해를 수용하라고 강요하지 않기로 결심합니다. 우리는 다른 사람이 다를 권리, 무엇을 믿고 어떻게 결정할 것인지를 선택할 권리를 존중하기로 약속합니다. 그러나 우리는 사랑의 말과 자비로운 대화를 통해, 다른 사람들이 광신주의와 편협함을 버리고 그것들을 바꾸도록 돕는 법을 배울 것입니다.

▼

제3의 마음챙김 수행법은 사상의 자유 이슈를 다룬다. 다른 사람의 관점을 존중하는 것은 불교의 특징이다.《칼라마 경

(Kalama Sutta)》은° 자유로운 탐구를 위한 최초의 선언 중 하나이다. 그 경에서 부처님은 누구 또는 무엇을 믿어야 하며 어떤 교리가 가장 좋은지에 관한 질문에 답한다. 부처님은 "의심하는 것은 좋다. 그저 사람들이 그것을 높이 평가한다고 해서, 전통에서 유래했거나 경전에 나온다고 해서 믿지 말라. 그것이 당신의 판단에 어긋나는지, 해를 끼칠 수 있는지, 현명한 사람들로부터 비난받는지, 그리고 무엇보다도 그것을 실천함으로써 상해, 파괴나 고통을 가져오지 않을지 고려하라. 당신이 아름답다고 생각하거나, 당신의 판단에 부합하는 것, 현자들이 높이 평가하는 것, 그리고 실천으로 옮겼을 때 기쁨과 행복을 가져온다면 수용하고 행할 수 있다."

그림자가 물체를 따라가듯이, 제3의 마음챙김 수행법은 제2의 마음챙김 수행법을 따라간다. 개방의 태도와 견해에 대한 무집착은 타인의 자유에 대한 필연적인 존중을 낳기 때문이다. 다른 사람의 자유를 존중하려면 집착과 광신주의에서 벗어나서 다른 사람도 그렇게 되도록 도와야 한다. 다른 사람들을 어떻게 도울 수 있을까? "자비로운 대화"를 통해서이다. 이것은 사랑의 말을 사용하는 능력 그리고 열린 마음으

○   《앙굿따라 니까야》3 : 65. 南傳大藏經 17卷 增支部經典 1, p. 303. 《앙굿따라 니까야》1, (대림스님 옮김, 초기불전연구원, 2006), p. 459 이하 각각 참조.

로 판단 없이 다른 사람의 말을 깊이 경청하는 능력을 갖게 되는 것을 의미한다. 자비로운 대화는 비폭력적 행동, 곧 아힘사(ahiṃsā)의 핵심이다. 아힘사는 관용과 자애의 에너지로써 시작하는데, 이런 에너지는 부드럽고, 자비롭고 능숙한 말로 표현되어 사람의 심정을 움직인다. 이것은 사람들이 변화하는데 필수적인 조건을 만든다. 이해와 자비는 모든 비폭력적 행위의 기초가 되어야 한다. 분노나 증오가 동기가 된 행동은 비폭력적이지도 현명하다고도 할 수 없다.

우리는 부모로서 자녀들이 아주 어려도 그들의 사상의 자유를 존중할 수 있다. 우리는 우리 아이들에게서 많은 것을 배울 수 있다. 인간 개개인은 그 특성, 능력 및 호오(好惡)에 있어서 독특하다. 우리는 아이들을 이해하기 위해 개방적이어야 하고, 우리의 견해나 신념을 아이들에게 무조건 강요하는 것을 자제해야 한다. 같은 나무에서 나왔다고 해도, 꽃들은 뿌리, 잎, 잔가지와 같지 않다. 우리는 꽃은 꽃이 되도록, 잎은 잎이 되도록, 잔가지는 잔가지가 되도록 해서, 제각각 계발을 위한 최고의 능력을 실현할 수 있도록 해야 한다. 우리는 성인으로서, 우리의 경험을 아이들과 공유할 수 있고, 아이들은 대신 자신들의 감정, 직관, 아이디어를 우리에게 표현할 수 있다.

제4의 마음챙김 수행법

고통의 자각

우리는 고통의 본질을 깊이 들여다보는 것이 이해와 자비심을 기르는 데 도움이 된다는 것을 깨달아, 마음챙김의 에너지로써 자기 자신으로 돌아가 고통을 알아차리고, 포용하고, 그 고통에 귀 기울일 것을 결심합니다. 우리는 가능한 한 노력을 기울여서, 고통에서 도망가지도 않고 소비 행위로 고통을 덮지 않도록 하고, 의식적인 호흡과 걷기를 수행하여 고통의 근원을 깊이 들여다볼 것입니다. 우리는 고통의 근원을 깊이 이해할 때 비로소 고통을 변화시키는 길을 깨달을 수 있음을 알고 있습니다. 우리 자신의 고통을 먼저 이해해야만 타인의 고통을 이해할 수 있게 됩니다. 우리는 고통받은 사람들과 함께할 수 있도록 개인적인 접촉이나 전화, 전자적·시청각 수단 및 기타 방법을 찾기를 약속합니다. 그러면 우리는 그들의 고통을 자비, 평화, 기쁨으로 바꾸는 데 도움이 될 수 있습니다.

▼

부처님이 주신 첫 설법은 사성제(四聖諦)에 관한 것이었다. 첫 번째 진리는 두카(duḥkha), 곧 고통의 존재이다. 우리 인생에 고통이 있음을 인지하는 것은 모든 불교 수행의 출발점이다. 우리가 아프다는 사실을 깨닫지 못하면 치유법을 찾을 수도 없고 나을 수도 없다. 두 번째 진리는 고통에는 원인과 조건이 있다는 것이다. 세 번째 진리는 행복이 가능하다는 것, 즉 고통을 기쁨과 행복으로 바꿀 수 있다는 것이다. 그리고 네 번째는 바꾸는 방법인데, 그것은 행복으로 가는 길의 약도를 보여주고 있다. 사성제는 해탈의 진리다.

이 수행법은 고통과 접(接, tiếp)하는 것에 관한 것이다. 고통의 기원을 이해하지 못하면, 우리 자신을 비롯해서 타인과 세상이 고통에서 벗어나는 길을 알 수 없을 것이다. 자신의 고통을 이해할 때만, 다른 사람의 고통을 진정으로 이해하고 그들을 도울 수 있다. 14가지 마음챙김 수행법의 이전 버전들에서는 이 중요한 인식 ─ 다른 사람을 돕기 전에 우리 자신의 고통을 인정하고 깊이 들여다보아서 그 근본 원인을 보고 이해해야 한다는 중요한 인식 ─ 을 강조하지 않았다. 이것을 인식한 사람은 별로 없다. 오늘날의 문제는 우리가 자신의 고통에서 도망친다는 것이다. 우리는 괴로워하면서도 그것을 인정하고, 우리 자신을 되돌아보며 괴로움의 진정한 본질을 깊이 들여다보고 그것을 돌볼 용기가 없다. 대신 우리는 음식, 전화, 술, 음악, 마약, 잡지, 소설, 인터넷 사용 등 이런 소비로 고통을 은폐한다. 우리가 그것들을 사용하는 것은, 정말로 사용해야 해서가 아니라 우리 안에 있는 고통과 접하고 싶지 않아서이다. 우리는 삶의 경이로움과 접하고 싶고 다른 사람을 돕기를 바라고는 있다. 하지만 우리는 동시에 우리 자신의 고통과도 접해야 한다. 우리는 우리 자신의 고통의 뿌리를 이해할 때만, 그 고통을 제거하거나 바꿀 수 있다. 우리가 이 일을 할 수 있을 때, 다른 사람들을 고통스럽지 않게 할 수 있다. 다른 사람을 이해하기 전에 우리 자신을 먼저 이해해야 한다. 그렇게 하지 않으면 우리 자신의 고통이 우리를 끝없이 깊은 구렁으로 빠트릴 것이다.

고통이 나쁜 것만은 아니다. 거기에 치유의 힘이 있을 수 있다. 그것은 우리가 눈을 뜨는 데 도움이 된다. 우리 내면에 있는 고통에 직면하기 시작하면, 우리는 그 원인을 찾으려고 할 것이다. 즉, 우리가 우리에게 무엇을 먹였는지, 어떤 영양분을 소비해서 고통을 초래했는지 알아내는 것이다. 우리는 또한 우리 사회 내부에서 고통의 원인을 찾고자 하지만, 이 경우에 조심하고 절제해야 한다. 너무 많은 고통에 압도당하면, 우리는 사랑하는 능력, 적절하게 대처하는 능력이 파괴될 수 있다. 우리는 우리의 한계를 알아서 인생에서 끔찍한 것에 접하는 것과 경이로운 것에 접하는 것 사이에서 건전한 균형을 찾아야 한다. 우리는 우리 안에 있는 선하고 긍정적인 씨앗에 물을 주는 방법을 알아야 더 비참한 일을 견딜 수 있다. 고성제가 인생에서의 고통의 존재를 설명한다면, 세 번째 진리인 멸성제는 안녕이 가능하다는 것을 인정하고, 인생의 평화, 기쁨, 행복에 접하라고 우리를 격려한다. 사람들이 불교가 염세적이라고 하는 것은, 그들이 고성제에 집중하면서 멸성제를 간과하기 때문이다. 대승불교는 제3의 멸성제를 강조하는 일에 세심한 주의를 기울이고 있다. 대승 경전에는 아름다운 푸른 버드나무, 보라색 대나무, 보름달이 정법의 현현으로 언급되어 있다. 제4의 수행법 본문에 언급된 "고통을 변화시키는 길"은 팔정도(八正道), 곧 도성제(道聖諦)이다.● 이 팔정도 중 어느 하나만 수행해도 그것은 이미 우리에게 행복을 가져다준다.

우리의 고통은 다른 존재들의 고통과 연결되어 있다. 우리가 행복하고 평화로울 때 다른 사람들에게 고통을 주지 않는다. 우리가 세상의 고통을 덜어주기 위해 노력할 때 우리 자신이 가장 먼저 혜택을 받는다. 수행은 우리 자신만을 위한 것

● 팔정도(八正道)는 정견(正見), 정사(正思), 정어(正語), 정업(正業), 정명(正命), 정정진(正精進), 정념(正念), 정정(正定)이다.

이 아니라, 다른 사람과 사회 전체의 선을 위해서도 수행한다.

우리는 굶주림, 질병, 전쟁, 억압, 사회적 부정의와 같은 세상의 문제에 주의를 기울이지만, 동시에 일단 멈추기, 마음챙김 호흡, 앉기, 걷기, 경전 공부를 통해 자신에게 돌아오는 수행을 한다. 그래서 우리 내부에서 일어나는 일과 세상에서 일어나는 일을 모두 알아차린다. 세상에서 일어나는 일은 우리 자신 안에서도 일어나고 그 반대도 마찬가지이다. 일단 이런 사실을 분명히 안다면 우리는 어떤 입장을 취하거나 행동할 수밖에 없다. 마을이 폭격당하고 어린이와 어른들이 다치고 죽어갈 때, 사찰이나 명상실에서 가만히 앉아있을 수는 없다. 우리에게 자비와 지혜가 있다면, 다른 사람들을 도우면서도 명상을 수행하는 방법을 찾을 것이다. 우리 자신의 본성과 고통·불의·전쟁의 본성 사이에는 관계가 있다. 세상에 있는 전쟁과 무기의 참된 본성을 보는 것은, 우리 자신의 참된 본성을 보는 것이다.

고통의 현실에 접하는 것은 우리 안에 있는 이해(prajñā)와 자비(karuṇā)의 샘을 풍요롭게 하는 것이다. 모든 생명이 고통에서 벗어나는 길을 찾도록 돕는 것은 우리의 보살 서원을 살찌운다. 우리 자신의 고통이든 다른 사람의 고통이든 그 고통의 현실에서 우리 자신을 차단한다면, 자비심이 생기지 않는다.

우리는 부모로서 우리 아이들이 상황에 압도되어 아무것도 할 수 없다고 느끼지 않으면서도 고통의 현실과 계속 접하도록 그들을 돕는 좋은 방법을 찾을 수 있다. 예를 들어, 우리 아이들은 다른 아이들이 굶주림과 결핍으로 고통받는 방식에 대해, 그리고 동물이 학대받는 방식에 대해 배울 수 있으며, 우리는 아이들이 이런 상황에 적절히 대처하는 방법을 찾도록 도울 수 있다. 아이들이 인간과 다른 생명체의 고통을 보고 그 고통을 이해하도록 도울 때, 우리는 그들 안에 있는 자비심과 이해를 키울 수 있다. 우리는 명상실에서만이 아니라 일상의 매 순간 수행해야 한다.

제5의 마음챙김 수행법

자비롭고 건강한 생활

우리는 진정한 행복이 평화, 단단함, 자유, 자비에 뿌리를 두고 있음을 알고, 수백만 명이 굶주리고 죽어가는 동안 부를 축적하지 않겠다고, 그리고 명예, 권력, 부 또는 감각적 쾌락을 인생의 목표로 삼지 않겠다고 결심합니다. 이런 것들은 많은 고통과 절망을 가져오기 때문입니다. 우리는 먹을 수 있는 음식, 감각, 의지, 의식으로써° 우리가 몸과 마음을 어떻게 육성하는지 깊이 들여다보는 수행을 할 것입니다. 우리는 특정 웹 사이트, 전자 게임, 음악, TV 프로그램, 영화, 잡지, 서적 및 대화와 같이 우리 자신의 몸과 의식에 그리고 집단적인 몸과 의식에 독소를 가져오는 알코올, 약물 또는 기타 제품을 사용하거나 도박하지 않을 것을 약속합니다. 우리는 우리 자신의 몸과 의식, 그리고 가족·사회·지구라

°   생명(육신)을 유지하기 위해 먹는 4가지 음식인 사식(四食), 곧 단식(段食), 촉식(觸食), 사식(思食), 식식(識食)을 지칭한다.

는 집단적인 몸과 의식에서 자비, 안녕, 기쁨을 보존하는 방식으로 소비할 것입니다.

▼

나무줄기에서 가지가 자라 나오는 것처럼, 제5의 마음챙김 수행법은 제4의 마음챙김 수행법에서 자연스럽게 나온다. 제4의 수행법에 따르면, 우리는 고통을 바꾸기 위해 고통에 접하기를 배운다. 제5의 수행법에서 우리는 행복해지는 최선의 방법을 배운다. 행복은 명성이나 권력이나 부에서 나오는 것이 아니라, 통찰력과 이해심과 사랑에서 나온다. 매우 부유하거나 유명하고 큰 권력을 가진 많은 사람이 계속해서 큰 고통을 겪고 있으며, 심지어 여러 사람이 자살하기도 한다. 부, 권력, 명성을 추구하다 보면 인생의 경이로움을 즐길 시간도, 우리의 고통을 제거할 수 있는 통찰력을 얻을 시간도 없다.

제5의 수행법은 소비와 건강에 대해서도 말한다. 우리는 몸과 마음을 건강하게 유지하는 방식으로 소비해야 한다. 이 수행법 안에는 우리가 소비하는 사식(四食)에 대한 가르침, 곧 먹는 음식, 감각적 인상, 의지, 의식에 대한 가르침을 도입했다.

현대 사회에서 사람들은 물질의 향락을 추구한다. 우리 중 많은 사람은 소비 품목을 마음챙김으로써 선택하지 않고 몸과 마음에 유독한 것을 섭취한다. 우리 중 많은 사람이 질병을 유발하는 식용 식품을 소비하고 있다.

감각적 인상[受]에 관한 한, 사람들은 술과 약물 사용에 의해 고조된 쾌락을 추구한다. 우리 시대에는 어린아이들조차 전자 기기나 인터넷에 많은 시간을 낭비한다. 아이들과 부모는 함께 보낼 시간도, 자연과 접할 시간도 없다. 더욱이 인터넷에는 온갖 종류의 해로운 콘텐츠가 있으므로 주의하지 않으면 쉽게 중독될 수 있다. 이 때문에 우리는 이 수행법에서 인터넷을 우리 시대의 진짜 문제로 언급한다.

플럼빌리지에서는 비구나 비구니가 인터넷에 접속하려면 두 사람이 함께해야 한다. 이 원칙을 가정에 적용할 수 있을지는 모르겠다. 어린아이들이 혼자 인터넷에 접속하면 매우 위험하다. 그들은 순진함을 잃고 심신에 해로운 것을 소비하거나 해로운 짓을 할 가능성이 있다. 인터넷은 우리가 극히 주의해야 할 감각적 인상[觸食]이라는 음식이다.

세 번째 종류의 음식은 의지, 곧 우리가 원하거나 욕망하는 것이다. 우리는 건전한 일을 희망해야 한다. 즉 환경 보호, 가난하고 배고픈 사람들을 돕는 일, 사회 정의를 위한 노력, 평화 교육 등이 여기에 속한다. 소비에서 행복을 찾으려는 소망은 고통을 초래하고 심지어 우리의 삶을 망칠 수도 있는 유독한 바람이다. 분노를 발산하고, 복수하고, 폭력적인 일을 저지르고 싶은 욕망도 유독한 의지이다.

음식의 네 번째 원천은 의식이다. 우리는 우리 자신의 생각을 소비한다. 예를 들어, 어렸을 때 고통받았다고 해보자. 고통은 여전히 여기에 있을 수 있다. 우리에게 과거의 고통으로 돌아가서 그것을 되새기는 경향이 있을 수 있다. 이런 식으로 계속 소비하는 것은 건강에 좋지 않다. 대신, 이러한 일이 일어날 때마다, 그것을 인지하고 안아주고 그런 다음 놓아버리자. 지금 이 순간으로 돌아가자. 거기에는 빛과 햇빛과 푸른 하늘이 있어서, 삶의 모든 경이로움을 느낄 수 있는 곳이다. 이렇게 수행함으로써 우리는 의식 깊은 곳에 있는 고통을 바꿀 수 있다. 우리가 직접 그것을 한번 해보았다면, 우리는 다른 사람들이 그렇게 하도록 도울 수 있다.

제5의 수행법은 행복을 찾는 것과 관련이 있다. 사람이 몸에 해로운 자양분을 섭취하는 것은 행복해지고 싶기 때문이다. 그러나 이런 종류의 행복에는 실체가 없다. 우리는 해결 방법을 모르는 난관이나 고통을 회피하려 하고, 그 고통을 감추기 위해 행복을 찾으려고 한다. 우리는 술을 마신다. 불안, 권태, 외로움, 슬픔, 불편한 마음을 잊기 위해 냉장고를 열고 먹을 것을 꺼낸다. 이것은 우리가 살아가는 현대 사회의 질병이다.

　스트레스에서 생기는 현대 질병으로부터 가능한 한 해방되기 위해 우리는 단순하게 살아야 한다. 우리는 압박과 불안으로 가득 찬 삶을 살지 않기로 결심한다. 유일한 탈출구는 소비를 줄이고 적은 소유물로도 만족하는 것이다. 다른 사람들과 관심사를 나누는 법담 세션에서, 우리는 단순하고 행복하게 함께 살기 위한 더 나은 방법을 찾을 수 있다. 우리가 단순하고 행복하게 살게 되면, 더 많은 시간과 에너지를 나눌 수 있다.

제6의 마음챙김 수행법

화 돌보기

우리는 화가 소통을 막고 고통을 일으킨다는 사실을 깨달아, 화가 일어나면 화의 에너지를 돌보고 의식 깊숙이 자리하고 있는 화의 씨앗을 인지하고, 그 씨앗을 변화시키기로 약속합니다. 화가 일어나면 우리는 일체의 언동을 금하고, 마음챙김 호흡이나 걷기를 하여 우리의 화를 인정하고 안아주며 깊이 들여다보기로 결심합니다. 우리는 화의 근원이 우리 밖에 있는 것이 아니라 우리의 잘못된 인식과 자신의 고통과 타인의 고통에 대한 이해 부족에 있음을 압니다. 우리는 무상을 묵상함으로써, 자비의 눈으로써 우리 자신과 화의 원인이라고 생각하는 사람들을 보면서, 상호관계의 소중함을 인정할 것입니다. 우리는 바른 정진[正精進]을 수행하여, 이해, 사랑, 기쁨, 포용의 능력을 키우고, 화, 폭력, 두려움을 점진적으로 변화시키고 다른 사람도 그렇게 하도록 도울 것입니다.

제6의 마음챙김 수행법은 화가 났을 때 일체 언동을 하지 말라고 조언한다. 화가 났을 때 가장 먼저 해야 할 일은 호흡으로 되돌아가고 마음챙김 호흡을 수행하며, 호흡을 따라가서 호흡이 진정할 시간을 주는 것이다. 마음챙김 걷기를 하는 것도 큰 도움이 된다. 우리는 화가 났음을 인정하고, 그 근원을 깊이 들여다보기 시작한다. 화의 근원은 종종 우리 안에서 발견된다. 우리는 잘못 인식할 때가 있다. 누군가가 우리에게 상처 주는 말을 했을 때, 우리는 그들이 일부러 그렇게 했다고 믿는다. 하지만 그들은 미숙해서 자신들이 하는 말이 우리에게 상처가 될 줄은 미처 몰랐을 수도 있다. 그들이 다른 사람에게 같은 말을 했지만 아무 일도 일어나지 않았으니까, 이것이 우리에게 상처를 준다는 것을 어떻게 알 수 있겠는가?

우리는 또한 그들의 언동이 그들 스스로의 고통에서 나왔을지도 모른다는 사실을 이해할 필요가 있다. 괴로울 때면 사랑의 말을 하기가 늘 그렇게 쉽지는 않다는 것을 우리는 경험을 통해서 안다. 그들이 우리를 언짢게 했다고 치자. 그러면 우리는 괴로워하고, 그들에게 말할 때 우리의 목소리에는 자애가 없다. 특히 우리가 화가 났을 때, 일체의 언동을 하지 않기란 상당히 어려울 수 있다. 우리는 어떻게 해야 할까? 우리가 한 공동체에 살면서 누군가에게 화가 난다고 해도 그 사람에게 계속 말을 걸어야 하지 않을까? 우리가 어떻게 차분하고 정중하게 대화를 계속하면서 우리를 화나게 만든 이슈를 언급하지 않을 수 있을까? "아무 말도 하지 말라"는 말은 화를 내며 말하지 않는다는 것이지, 상대방을 피하거나 그의 말을 가로막는다는 뜻이 아니다. 그것은 진정한 수행인데, 마음챙김으로써 그리고 정중하게 계속 소통하면서도, 우리가 진정해서 우리 자신을 들여다보고 우리에게 실제로 무슨 일이 일어났는지 살펴볼 수 있을 때까지, 그 이슈를 언급하지 않는 것이다.

1975년 베트남 전쟁이 끝난 후 많은 베트남인이 타이만을 건너 말레이시아와 싱가포르에 도달하기 위해 보트에 올라탔다. 그 보트들은 종종 과적이거나 항해에 부적합했다. 많은 배들이 해적들의 공격을 받았고, 난민들은 강탈당했고 강간당했다. 12살 소녀의 강간과 자살, 소녀의 부친을 바다에 빠트려 죽인 사건을 들었을 때, 나의 첫 반응은 분노였다. 하지만 깊이 들여다보니, 내가 이 해적들처럼 타이 연안을 따라 같은 환경에서 태어나고 자랐더라면 지금의 나는 해적이 되었을 것임을 깨달았다. 다양한 상호의존적 원인이 이 해적을 만들어냈다. 해적이 된 책임은 해적 자신이나 가족에게만 있는 것이 아니라 사회 전체에 있다. 매일 수백 명의 아기가 시암만 근처에서

극심한 빈곤 상태로 태어난다. 정부, 정치가, 교육자, 경제학자 등이 예방 조치를 취하지 않는다면, 지금부터 25년 후에 이들 중 많은 아이가 범죄자나 해적이 될 것이다. 우리 각자는 해적의 존재에 대해 조금씩 책임이 있다.

　우리 모두는 장식(藏識) 안에 온갖 종류의 씨앗을 가지고 있다. 모든 사람은 화, 증오, 폭력에 대한 잠재력을 가지고 있다. 그런 것들이 나타나지 않았어도 말이다. 우리가 "의식 깊숙이 자리하고 있는 화의 씨앗"에 대해 말할 때, 비록 그 순간에 화를 내거나 폭력적이지 않더라도 우리 모두 안에 있는 화, 증오, 폭력의 잠재력을 가리키는 것이다. 제6의 마음챙김 수행법은 이러한 불건전한 씨앗이 싹트지 않도록 예방 의학을 사용할 것을 조언한다. 우리는 무의식적인 화와 증오를 바꾸는 것이 불가능하다고 생각할 수도 있고, 그것들을 바꾸는 최적기는 이미 화를 느끼고 있을 때라고 생각할 수도 있다. 그러나 사실 우리는 화와 증오가 일어나기 전에 그것을 변화시킬 수 있다. 좌선하면서 우리는 불쾌한 느낌에 대해 알아차림의 빛을 비추어 그 느낌의 근원을 확인할 수 있다. 평소에 피하고 싶은 느낌들을 직접 볼 수 있으며, 보는 것만으로도 그것들은 이미 달라지기 시작할 것이다. 그러면 그것들이 화의 모습으로 우리의 무의식의 마음에서 일어날 때, 우리는 놀라지 않게 된다. 우리는 일상생활에서 사랑, 자비, 이해의 씨앗들을 심을 수 있으며, 그 씨앗들은 우리 안에 있는 화의 씨앗을 약하게 할 것이다. 우리는 이 일을 하기 위해 화가 일어나기를 기다릴 필요가 없다. 사실 화가 이미 일어났다면, 약하게 하기가 훨씬 더 어려울 것이다.

우리가 지난 몇 주간 아주 기쁘고 평화로웠다고 해보자. 하지만 이것이 우리의 장식에 잠복해 있던 화의 씨앗이 없었다거나 그동안 화의 씨앗에 물을 주지 않았다는 뜻은 아니다. 예를 들어 누군가가 상처를 주는 말을 하면 즉시 반응하지 않을 수는 있다. 그러나 몇 주 뒤에 우리는 아주 사소한 이유로 그 사람에게 화를 낼 수 있다. 나는 거실 벽 전체에 배설물을 발랐던 어린아이의 이야기를 좋아한다. 그녀의 어머니는 엉망진창이 된 벽을 닦으려고 열심히 노력하면서도 전혀 화를 내는 것 같지 않았다. 그러나 며칠 후 어린 소녀가 실수로 테이블에 간장을 쏟자 어머니는 금방 폭발했다. 분명히 아이가 벽에 배설물을 발랐을 때 화의 씨앗에 물을 주었지만 어머니는 자신의 화를 억눌렀다. 하지만 이번에는 그런 작은 사고에 그녀는 극도로 화를 냈다. 따라서 우리가 마음챙김을 수행하면, 언제라도 폭발할 것 같은 폭탄이 되기 전에 화를 다룰 수 있다.

플럼빌리지 공동체는 평화 협정을 실천하는데, 이 협정은 우리가 화났을 때 해야 할 일에 대한, 가족 또는 공동체 회원

간의 합의 사항이다.[•]

화가 나면 우리는 일반적으로 다음 사실을 망각한다. 즉 우리 자신을 되돌아보고 화의 주된 원인이 우리 안에 있는 것이지 상대방이 아니라는 사실을 망각한다. 화가 났을 때 우리는 그 상황에서 물러나 있을 시간과 공간이 필요하다. 우리는 마음챙김 호흡과 걷기를 수행해서, 우리가 고통받고 있음을, 그리고 그 고통의 원인이 우리의 상처받은 자존심과 잘못된 인식에 있음을 인정하게 된다. 우리가 충분히 진정되면 깊이 들여다보기가 쉬워져서 우리가 낸 화의 뿌리를 볼 수 있다. 다른 사람을 깊이 들여다보면 그들도 고통을 당하고 있음을 이해하고, 그 이해와 함께 자비가 생긴다.

격한 감정을 다룰 때 바른 정진[正精進]을 어떻게 수행해야 할까?

1. 화, 폭력, 두려움의 씨앗이 심의식에서 싹트지 않았다

[•]   틱낫한의 *Touching Peace: Practicing the Art of Mindful Living* (Parallax, 1992) 참조.

면, 우리는 의식의 깊은 곳에서 그것들을 바꾸기 위해
수행하고 그것들이 촉발될 수 있는 상황에 있지 않도
록 최선을 다한다.

2. 이런 씨앗이 이미 싹텄다면, 우리는 그것을 진정시키
고 변화시킬 방법을 찾는다.

3. 이해, 사랑, 기쁨, 포용이라는 이로운 씨앗이 싹트지
않았다면, 우리는 그것들이 싹트도록 하는 방법을 찾
는다.

4. 만약 이미 싹텄다면, 우리는 그것들을 가능한 한 오랫
동안 우리 심의식 속에 유지할 방법을 찾는다.

만물의 무상함을 묵상하는 수행도 있다. 이는 우리의 화
를 바꾸는 중요한 요소가 된다. 우리는 우리가 화를 내는 상대
가 무상하다는 것을 알고 있으며, 얼마나 더 오래 함께할지 모
른다. 우리는 서로에게 화를 내고 화로 관계를 망치면서 소중
한 시간을 낭비하고 싶어 하지 않는다.

제7의 마음챙김 수행법

지금 이 순간에 행복하게 머물기
___

우리는 인생이란 지금 이 순간에만 주어진다는 것을 깨달아, 일상의 매 순간을 깊이 살아갈 수 있도록 수련하기를 약속합니다. 우리는 과거에 대한 후회, 미래에 대한 걱정, 현재의 갈망, 분노, 질투로 산란하게 되거나 휩쓸려가지 않도록 노력할 것입니다. 지금 여기에서 무슨 일이 일어나고 있는지 알아차리기 위해 마음챙김 호흡을 할 것입니다. 우리는 우리 내부와 주변에 그리고 모든 상황에 존재하는 경이롭고 신선하며 치유적인 요소들을 접하면서 마음챙김의 생활 기술을 배우기로 결심합니다. 이렇게 하면 우리는 기쁨, 평화, 사랑, 이해의 씨앗을 우리 안에서 가꿀 수 있고, 이어서 우리 의식에서의 변화와 치유를 촉진할 수 있습니다. 우리는 진정한 행복이 외적 조건이 아니라 주로 우리의 정신 태도에 달려 있음을 알고 있으며, 우리는 이미 행복할 수 있는 충분한 조건을 가지고 있다는 사실을 상기하는 것만으로 지금 이 순간에 행복하게 살 수 있다는 것을 알고 있습니다.

▼

부처님은 우리에게 마음챙김 수행을 권하시며 지금 이 순간에 일어나는 일을 돌이켜보고 온전히 존재하면서, 생각으로 산란하게 되지 않고 과거에 대한 후회, 미래에 대한 걱정, 현재의 갈망, 분노, 질투에 휩쓸리지 않도록 도와주셨다. 마음챙김 덕분에 우리는 우리 내면과 주변에 있는 경이롭고 신선하며 치유적인 요소와 접할 수 있고 기쁨, 평화, 사랑, 이해의 씨앗을 키울 수 있다.

마음챙김 수행법은 복숭아 씨와 같이 접현종 생활의 핵심이다. 당신이 명상 센터에 살든, 사무실에서 일하든, 가족과 함께 살든, 대학에서 공부하든, 지금 이 순간에 우리 자신을 완전히 확립하는 마음챙김 수행이 중요하다. 마음챙김을 뜻하는 한자 염(念)에는 심정 또는 마음[心]과 지금 이 순간[今]이라는 두 가지 요소가 있다.

마음챙김을 한다는 것은 마음을 지금 이 순간으로 되돌려서, 그 순간에 온전히 존재한다는 것을 의미한다. 당신의 한 부분은 설거지하는데, 당신의 다른 부분이 설거지가 언제 끝날지 궁금해하는 식이 아니다. 우리는 걷고, 앉고, 서고, 눕고, 일하고, 쉬면서 하루 종일 마음챙김을 수행한다. 이것들은 모두 수행의 기회이다. 의식적인 호흡은 우리가 지금, 이 순간을 돌이켜보게 하고 거기에 머물게 하는 수단이다.《안반수의경(安般守意經, 호흡에 의한 완전한 알아차림에 관한 경)》과《사념처경》은 우리 몸[身]에서 일어나는 일, 감정[受], 마음[心], 마음의 대상과 주변에서 우리가 지각하는 세계[法]를 알아차리는 방법을 가르쳐 준다.•

　　지속적인 마음챙김은 우리를 집중[止]과 지혜[觀]로 이끈다. 집중과 지혜를 계발하면 기쁨과 행복의 깊은 느낌이 함께 온다. 우리가 현실의 진정한 본성을 더 깊이 보면 볼수록, 세계와 그 안에 있는 동식물, 광물, 서로 다른 이 모든 것들이 얼마나 경이로운지를 볼 수 있기 때문이다. 마음챙김은 우리가 멋진 꽃, 찬란한 달, 우리 아이들, 파트너, 친구들과 접할 수 있게 해준다. 이것들은 모두 무한히 소중하고 희귀하며, 상호존재(interbeing)하는 만물이 가진 본성의 일부이다. 마음챙김은 삶을 참되게, 깊게 하고, 살만한 가치가 있게 한다. 그것은 우리가 지금 여기에 존재하도록 해주고, 참생명을 만나도록 한다. 마음챙김은 우리 안팎에 존재하는 신선하고도 치유적인 요소들에 접하도록 도와준다. 우리는 마음챙김을 수행하는 동안,

• 　이 경전들과 경전 해설은 틱낫한의 *Breathe, You Are Alive! The Sutra on the Full Awareness of Breathing*, Parallax, 1996, 2008; *Transformation and Healing: Sutra on the Four Foundations of Mindfulness*, Parallax, 1990, 2006. 참조.

우리 안에 기쁨·평화·이해의 씨앗들을 심고 그것들에 물을 준다. 이 씨앗들에는 우리가 짊어진 고통과 고뇌를 완화하고 바꾸는 힘이 있다. 치유되기 전 이러한 고뇌를 반드시 직접 경험할 필요는 없다. 많은 경우 우리의 고뇌와 고통은, 마음챙김 생활을 하며 우리가 일상에 심고, 물을 주는 긍정적인 씨앗들이 존재함으로써 저절로 변한다.

이 수행법의 정신은 "dittha dhamma sukha vihāri"라는 구절, 곧 "지금 이 순간에, 금생에 행복하게 산다"는 구절이 나오는 팔리어 경전까지 거슬러 올라간다. 우리는 먼 미래나 사후의 극락에서 행복을 찾는 것이 아니라, 지금 이 순간에 행복을 키워야 한다. 행복은 주로 정신적인 태도이다. 그런데도 우리는 행복이 외부 조건에 달려 있다고 생각하는 경향이 있다. 수행자로서 우리는 행복해지도록 마음을 사용한다. 우리 내부와 주변에는 행복을 위한 조건들이 항상 존재하므로, 우리는 그것들을 상기해내기만 하면 즉시 행복해질 수 있다. 과거의 고통을 기억하는 것은, 우리가 지금 얼마나 많은 행운을 누리고 있는지 깨닫게 하는 데, 그리고 우리가 당연하게 여기는 것들 ─ 즉 걸을 수 있는 다리, 볼 수 있는 눈, 따뜻한 태양, 빗소리 ─ 을 소중히 여기는 데 도움이 될 수 있다. 우리가 마음챙김과 집중을 수행할 때 우리는 행복의 순간을 만들고, 우리가 행복으로부터 자양분을 공급받으면, 우리는 주변 사람들에게도 자양분을 공급하게 된다. 그러면 고통이 생겨도 우리는 그것을 인식하고, 안아주고, 변화시키고, 치유할 수 있는 능력을 갖게 된다.

　우리가 수행해서 행복하지도 기쁘지도 않다면, 오래 수행 하고 싶지 않을 것이다. 기쁨과 행복은 우리 수행의 자양분이 되며 수행을 강화한다. 수행이 우리의 인생을 바꾸지도 못하 고 큰 기쁨을 주지도 못하고, 우리가 다른 사람들에게 기쁨을 주지 못하고 그들을 이해할 수도 없다면, 제대로 수행하고 있 는지 자신에게 물어봐야 한다. 상호의존에 대해 명상하게 되 면 우주의 경이로움이 보이게 된다. 하나가 존재하려면 다른 모든 것도 존재해야 한다는 것을 알 수 있다. "이것이 존재하 는구나, 저것이 존재하므로."

제8의 마음챙김 수행법

진정한 공동체와 소통

우리는 부족한 소통이 항상 분열과 고통을 가져온다는 것을 깨달아, 자비로운 경청과 사랑의 말을 행하며 스스로를 수련하겠다고 약속합니다. 진정한 공동체는 포용성에 뿌리를 두고 있고, 견해·생각·말의 조화를 구체적으로 수행하는 데 뿌리를 두고 있음을 알고 있으므로, 집단적 통찰에 도달하기 위해 우리의 이해와 경험을 공동체 종원들과 공유할 것을 실천합니다. 우리는 비판이나 반대 없이 깊이 경청하는 법을 배우기로, 그리고 불화를 일으키거나 공동체를 쪼개는 말을 하지 않기로 결심합니다. 곤란한 일이 생길 때마다 우리는 승가에 머물면서 우리 자신과 타인을 깊이 들여다보고, 우리 자신의 습관 에너지를 포함하여, 곤란한 일을 초래한 모든 원인과 조건을 확인하는 수행을 할 것입니다. 우리는 우리가 갈등을 일으켰을 수도 있는 모든 방식에 대해 책임지고, 소통을 계속할 것입니다. 우리는 피해자처럼 행동하지 말고, 아무리 작은 충돌도 조정하고 해결하는 방법을 찾는 데 적극적으로 행동할 것입니다.

▼

제8의 수행법의 핵심은 자비로운 소통이다. 그것은 가정이나 지역사회 내의 인간관계에서, 화합하며 함께 살아가기 위한 토대이다. 이 수행법은 부처님이 공동체 생활에 필요한 기둥으로 가르치신 육화(六和) 중에 세 가지, 즉 말, 생각, 견해의 화합을 언급한다.* 말의 화합은 이해, 인내, 헐뜯기 금지에서 나오며, 우리는 친절한 말을 하면서 다툼을 피한다. 생각의 화합은, 공동 수행과 다르마에 대한 이해 공유를 기반으로 한다. 그것은 우리가 다른 사람을 이해하도록 이끌어 준다. 우리가 서로에 대해 생각하는 방식은 매우 중요하다. 사랑으로 가득한 생각은 사랑의 언동을 낳고, 사랑의 언동은 우리에게는 건강과 행복을, 세상에는 행복을 가져다준다. 견해의 화합은 우리가 집단적 통찰에 도달하는 데 도움이 된다. 이것은 깊은 수행법으로서 우리 자신의 관점에 사로잡히지 않게 한다. 우리가

● 　다른 세 가지 화합은 다음과 같다. 한곳에서 함께 살기, 자원 공유하기, 마음챙김 수행 준수하기이다. 육화는 부처님 시대 이후로 불교 공동체에서 수행되었으며 여전히 관련성이 있다.

모임에 가거나 토론을 할 때 스스로 옳다고 생각하는 관점을 가질 수 있다. 우리에게는 우리의 관점을 표현할 권리, 때로는 의무가 있다. 그러나 열린 마음으로 다른 모든 관점을 경청해서, 상황을 보는 더 나은 방법이 있음을 알게 되는 즉시 자신의 관점을 버리는 것도 우리의 의무이다.

가정이나 지역사회, 또는 직장에서 문제가 생길 때가 있다. 이럴 때 이 수행법은 우리 자신이 문제를 키워왔음을 깨닫는 데부터 시작하여, 진심을 다해 화해의 방법을 찾아야 한다고 말한다. 우리가 갈등을 해결하기 위해 '새로 시작하기'를 실천하는 데 도움을 줄 접현종의 상급 종원을 초대해야 할 때도 있다.● 피해자처럼 행동하거나, 남을 비난하거나, 잘못된 일을 다른 사람의 미숙함 탓으로 돌리는 것, 그리고 우리가 할 수 있는 말이나 행동이 없다고 믿는 것은 수동적인 역할을 자임하는 셈이다. 우리는 발생한 문제나 갈등에 대해 능동적으로 책임을 지고, 함께 해결책을 찾아야 한다.

중재는 갈등의 양측을 모두 이해해야 하는 기술이다. 양측 모두 부분적인 책임을 져야 할 뿐만 아니라, 갈등에 직접 관여하지 않은 사람들도 어느 정도 책임을 져야 한다. 우리가 마

● '새로 시작하기'는 플럼빌리지 전통의 화합의 실천이다. Chan Khong, *Beginning Anew: Four Steps to Restoring Communication*, Parallax, 2014.

음챙김 하면서 살아왔다면, 갈등이 일어나기 시작한 최초 단계를 감지할 수 있었을 것이고, 갈등을 피하는 데 도움을 줄 수 있었을 것이다. 화해시킨다는 것은 갈등 외부에서 심판하는 것이 아니다. 갈등의 존재에 대해 어느 정도 책임을 지고 양측의 고통을 이해하기 위해 최선을 다하는 것이다. 그런 다음 우리는 한편이 경험한 고통을 다른 편에게 전달할 수 있고, 양측에 공통되는 이상에 근거해서 해결책을 제시할 수 있다.

우리 자신이 갈등의 일부인 경우, 화해의 필요성과 화해를 노력할 책임에 대한 자각이 우리에게 행동하는 힘을 줄 것이고, 노력의 성공 여부는 우리의 이해와 자비에 달려 있을 것이다. 화해의 목적은 체면치레나 사익 추구가 아니라, 이해와 자비를 실현하는 것이다. 화해를 돕자면 우리는 이해와 자비를 반드시 구현해야 한다.

제9의 마음챙김 수행법

진실하고 사랑스럽게 말하기

우리는 말이 행복이나 고통을 일으킬 수 있음을 깨달아, 진실하고 사랑스럽고 건설적으로 말하는 법을 배우겠다고 약속합니다. 우리는 기쁨, 자신감, 희망을 불러일으키고, 우리 자신과 다른 사람들 사이의 화해와 평화를 고무하는 언어만을 사용할 것입니다. 우리는 자신과 다른 사람들이 고통을 변화시키고 어려운 상황에서 벗어날 길을 찾는 데 도움이 되도록 말하고 경청할 것입니다. 우리는 사익이나 남에게 좋은 인상을 남기기 위해 거짓말을 하거나, 분열이나 증오를 낳는 말을 하지 않겠다고 결심합니다. 우리는 당사자가 없을 때 그의 허물에 대해 말하지 않고, 우리의 인식이 올바른지 항상 자문함으로써 우리 승가의 행복과 화합을 지킬 것입니다. 우리는 상황을 이해하고 바꾸는 데 도움을 주려는 의도만을 가지고 말할 것입니다. 우리는 확신이 없는 것에 대해 소문을 퍼뜨리거나 비판하거나 비난하지 않습니다. 우리는 부당한 상황에 대해서 설령 거리낌 없이 말하는 것이 우리를 어려운 상황에 처하게 하더라도, 신변의 안전에 위협이 되더라도, 소리 높여 이야기하도록 최선을 다하겠습니다.

▼

《십선업도경》에 따르면 바른 말에는 네 가지가 있으니, 곧 진실을 말함, 진실을 꾸미거나 과장하지 않음, 분열을 일으키지 않음, 모욕적이거나 욕설을 사용하지 않음이다.●° 여기에 험담도 포함하는데, 이것은 마음챙김 수행의 말로 하면 '소문을 퍼뜨리지 않는 것'과 '당사자가 없을 때 그의 허물을 말하지 않는 것'이다.

물론 항상 진실을 말하도록 자신을 수행하는 것도 중요하지만, 진실을 말하는 방식도 터득해야 한다. 다른 사람에게 깊은 상처를 주거나 마음을 상하게 하는 말을 하면서, "사실대로 말할 뿐이야"라고 변명할 수는 없다. 우리는 자비심을 갖고, 무언가를 말할 수 있는 좋은 방편을 선택할 필요가 있다.

● 《십선업도경(十善業道經)》을 볼 것. digital 大正新修經 T15n0600 참조.

○ 망어(妄語), 기어(綺語), 양설(兩舌), 악구(惡口)를 하지 않음을 가리킨다.

우리는 사람들에게 좋은 인상을 주거나, 다른 사람의 동의를 얻고 싶어서 때때로 진실을 과장한다. 예를 들어 누군가의 작은 실수를 매우 심각한 실수처럼 보이게 할 수도 있다.

사람을 분열시키는 말을 하는 것은 사람들 사이에 분열이나 불화를 일으키는 방식으로 말하는 것이다. 가령 누군가를 좋아하지 않는 경우, 다른 사람들도 그를 싫어했으면 해서 그 사람과 이전에 그를 좋아했던 사람들 사이에 분열을 일으키는 방식으로 말할 수 있다.

우리는 누군가를 면전에서 모욕하는 것이 무엇인지 알고 있지만 부재중에 그를 모욕할 수 있다. 제9의 마음챙김 수행법은 부재중에 험담하지 말라고 일깨워준다. 험담하는 것은 직장에서 흔히 볼 수 있는 현상이다. 만약 남을 험담하는 사람을 만난다면, 정중하게 그들에게 그런 말을 그만하라고 하거나, 양해를 구하고 자리를 떠나야 한다.

바른말[正語]은 항상 경청과 함께 간다. 경청의 유일한 목적은 상대방을 이해하려는 것이다. 사람들의 고통과 곤경을 이해할 때 우리는 그들과 공감하며, 자비로운 말을 건넬 수 있다.

우리는 말로 사랑과 신뢰, 행복의 세계를 만들 수도 있고, 지옥을 만들 수도 있다. 따라서 말하는 내용과 방식에 대해 매우 조심해야 한다. 말을 너무 많이 하는 습관이 있다면, 말을 적게 하는 수행을 하는 것이 좋다. 말이 다른 사람들에게 미치는 영향에 대해 더 잘 알아야 한다. 안거 중에는 묵언 수행할 기회가 있어 말을 최소한 90퍼센트 줄이게 되는데, 이는 매우 유익할 수 있다. 묵언 수행 중에는 항상 말하기, 많이 말하기, 크게 말하기, 빨리 말하기, 말하기 싫어하기 등 말하기와 관련된 습관을 인지하는 법과 우리 말이 건전한 말인지 아닌지를 인지하는 법도 배울 수 있다. 침묵은 자신과 주위 사람들, 그리고 생명을 생각하고 더 분명히 볼 수 있도록 도와준다. 침묵할 기회가 있다면 침묵해보자. 그러면 시야가 확장되어 꽃, 풀, 덤불, 새, 동료 인간을 깊이 바라보며 그들에게 미소 지을 수 있을 것이다. 당신이 완전한 침묵의 시간을 지킨 경험이 있었다면, 그러한 수행의 이익을 알게 될 것이다. 침묵, 미소, 바른말을 통해 우리는 자신과 주변 세계에서 평화를 증진한다. 바른말은 이해와 화해를 만든다. 제9의 마음챙김 수행법은 자기에게 정직하라 하고 나아가서 용기도 요구한다. 자신의 안전이 위협당할 수 있는 상황에서도 부당함을 말할 만큼 용감한 사람이 우리 중 몇 명이나 될까?

제10의 마음챙김 수행법

승가를 보호하고 육성하기

우리는 승가의 본질과 목적이 이해와 자비의 실천임을 깨달아, 불교 공동체를 개인적인 권력이나 사익을 위해 이용하지도 않고, 정치적 도구로 변질시키지도 않겠다고 결심합니다. 하지만 우리는 영적 공동체의 일원으로서 억압과 부정의에 대해 명백히 반대의 입장을 취할 것입니다. 우리는 갈등에서 어느 한쪽에 가담하지 않고 상황을 개선하기 위해 노력해야 합니다. 우리는 상호존재(interbeing)의 눈으로 보도록 배우기를, 자기 자신과 다른 사람을 승가라는 하나의 몸 안에 있는 세포로 보기를 약속합니다. 우리 각자는 승가라는 몸의 진실한 세포의 하나로서, 마음챙김, 집중, 통찰을 낳아서 자신과 공동체 전체를 양육합니다. 우리 각자는 동시에 부처님 몸 안에 있는 하나의 세포이기도 합니다. 우리는 적극적으로 형제애·자매애를 쌓고 강물처럼 흐르면서, 세 개의 진실한 힘 — 이해, 사랑, 번뇌의 지멸 — 을 기르도록 수행해서 집단적인 각성을 실현하겠습니다.

▼

승가를 설립한다는 것은 우리에게 가장 숭고한 일이다. 승가 설립의 첫걸음은, 승가가 이미 설립되어 있다면 그 일원이 되는 것이고, 아니면 승가를 스스로 설립하는 것이다. 우리 모두는 개인적인 수행과 변화를 지원하는 승가가 필요하다. 승가는 하나의 강물처럼 흘러야 우리는 한 방울의 물처럼 증발하지 않는다. 세계는 영적인 공동체들이 필요한데, 그것들이 평화의 집단적인 에너지를 세계에 제공하기 때문이다.

우리는 승가 회원으로서 마음챙김 호흡, 걷기 명상, 마음챙김 식사라는 기본적인 수행을 강화하도록 주의를 기울인다. 우리 자신의 안정된 존재와 마음챙김 수행은 승가에 대한 우리의 최선의 공헌이다. 동물의 몸이나 식물의 몸 안에서 몸의 다양한 세포들이 몸의 건강을 위해 최선을 다하듯, 우리는 몸 안에 있는 하나의 세포일 뿐이라는 사실을 항상 인식하고 있다. 인간의 몸은 수조 개의 세포가 화합해서 작동하는 유기체인데, 여기에 보스는 없다.

승가라는 환경은 우리가 무아를 깨달을 수 있는 매우 좋은 기회이다. 우리가 이해하기로는 개인으로서는 그 누구도 결코 깨달음을 얻지 못한다. 깨달음은 집단적이기 때문이다. 승가란 우리가 형제애·자매애를 증진하는 환경, 한 가족의 형

제자매로서 서로를 돌볼 수 있는 환경이다.●

나라가 분열하면 승가는 편을 들어서 당파적이고 배타적
이 되지 않도록 조심해야 한다. 종교 공동체의 진정한 목적은
사람들을 영적인 길로 인도하는 것이기 때문에, 우리는 승가
가 정치적 도구가 되지 않도록 보호하고 싶어 한다. 유감스럽
게도 종교 공동체가 정부의 지원을 받기 위해 정부가 자행하
는 억압과 부정의에 대해 반대의 목소리를 높이지 않는 경우
가 흔하다. 그러나 영적인 공동체는 "억압과 불의에 대해 명백
히 반대의 입장을 취해야 한다." 이것은 사성제(四聖諦)의 원칙
들에 따라 분명한 목소리로 행해져야 한다. 부당한 상황에 대
한 진실이 충분히 밝혀져야 한다(첫 번째 진리: 고), 부정의의 다
양한 원인이 열거되어야 한다(두 번째 진리: 이 고를 초래한 원인과 조
건들). 부정의를 제거하는 목적과 제거하려는 열망이 명백해져
야 한다(세 번째 진리: 멸성제 혹은 고의 제거). 부정의를 제거하기 위
한 조치가 제시되어야 한다(네 번째 진리: 도성제 혹은 고를 끝내는 방
법). 승가는 한쪽 편을 들지 않으면서도, 그 영향력을 행사해서
사회를 변화시킬 수 있다. 목소리를 높이는 것이 첫 번째 단계
이고, 변화를 위해 적절한 조치를 제안하고 지원하는 것이 그

●   승가 설립에 관한 자세한 내용은 틱낫한의 *Friends on the Path*,
Parallax, 2002 참조.

110

다음 단계이다. 가장 중요한 것은 모든 당파적 갈등을 초월하는 것이다. 배려와 이해의 목소리는 야망의 목소리와 구별되어야 한다. 어떤 종류의 갈등이든 우리는 자비심을 길러서 양측의 어려움과 고통을 이해해야 한다.

제11의 마음챙김 수행법

바른 생업[正命]

우리는 우리의 환경과 사회에 엄청난 폭력과 부정의를 가해왔음을 깨달아, 인간과 자연을 해치는 직업을 갖지 않기로 약속합니다. 우리는 지구상의 모든 종의 안녕에 기여하는 생업, 그리고 이해와 자비라는 우리의 이상을 실현하는 데 도움이 되는 생업을 선택하기 위해 최선을 다할 것입니다. 전 세계의 경제적, 정치적, 사회적 현실 그리고 우리 자신과 생태계와의 상호 관계성을 인식하고, 우리는 소비자로서 그리고 시민으로서 책임감 있게 행동하기로 합니다. 우리는 천연자원의 고갈을 초래하거나 지구를 해치거나 다른 사람으로부터 삶의 기회를 박탈하는 기업에 투자하지도 그 제품을 구매하지도 않겠습니다.

바른 생업은 팔정도의 하나이다. 그것은 육체적으로 도덕적으로 인간과 자연을 해치지 않는 직업을 가질 것을 촉구한다. 우리는 일자리를 찾기 어렵고 바른 생업을 실천하기 어려운 사회에 살고 있다. 그래도 우리의 일이 생명을 해치는 경우는, 다른 직업을 찾으려 노력해야 한다. 우리의 직업은 우리의 이해력과 자비심을 키울 수도 있고 잠식할 수도 있다.

식품 제조 및 농업을 포함한 많은 현대 산업은 인간과 지구에 유해하다. 대부분의 현재 농업 관행은 바른 생업과는 거리가 한참 멀다. 현대 농법에 사용되는 화학 독소는 환경에 해를 끼친다. 바른 생업을 실천하는 것은 농부들에게 어려운 일이 되었다. 화학 농약을 사용하지 않으면 상업적으로 경쟁하기 어려울 수 있기 때문이다. 유기농업을 실천할 용기가 있는 농부는 많지 않다. 바른 생업은 더 이상 순전히 개인적인 문제가 아니다. 그것은 우리의 집단 카르마(共業)이다.

내가 학교 교사이고 아이들에게 사랑과 이해를 키우는 것이 가장 아름다운 직업이고 바른 생업의 본보기라고 믿고 있다고 해보자. 그때 누군가가 나에게 교직을 그만두고 고깃간 주인이 되라고 요구한다면, 나는 아마 반대할 것이다. 그러나 만사의 상호연관성을 숙고해 보면, 고깃간 주인만이 도살에 대한 책임을 지고 있지 않다는 것을 알게 된다. 그는 고기를 먹고 싶어 하고 깨끗하게 포장되어 동네 슈퍼마켓에 전시된 날고기를 사는 우리 모두를 위해 도살한다. 살생은 집단적인 행위이다. 그 사실을 망각하고 스스로를 고깃간 주인과 분리해서 그의 생업은 옳지 않고 우리의 생업은 옳다고 생각할 수 없다. 우리가 육식을 하지 않는다면 도살장은 동물을 죽이지 않거나 적게 죽일 것이다. 바로 이 때문에 바른 생업은 집단적인 문제이다. 각 개인의 생업 선택은 우리 모두에게 영향을 미친다.

　수백만 명의 사람들이 "재래식" 무기와 핵무기를 제조하는 무기 산업으로 생업을 유지한다. 소위 재래식 무기는 개발도상국에 판매된다. 이런 나라의 국민은 총, 탱크나 폭탄이 아니라 식량이 필요하다. 미국, 러시아, 프랑스, 독일, 중국은 이 무기의 상위 5개 공급국가이다.● 무기를 제조 판매하는 것은 확실히 바른 생업은 아니지만, 이런 상황에 대한 책임은 무기 산업에 종사하는 사람들에게만 있는 것은 아니다. 정치인, 경영자, 제조업체, 기업, 경제학자, 소비자 등 우리 모두는 이러한 무기로 인한 죽음과 파괴에 대한 책임을 공유하고 있다. 우리는 제대로 보지 못하고, 목소리를 높이지도 않으며, 이 거대

● 　Pieter D. Wezeman 외, 《국제 무기 이전의 추세》, 2018, 스톡홀름 국제평화연구소, 2019년 3월. https://www.sipri.org/publications/2019/sipri-fact-sheets/trends-international-arms-transfers-2018.

한 문제에 대해 범국가적 토론을 충분히 갖지도 못한다. 이러한 문제를 전 세계적으로 논의할 수 있다면 해결책을 찾을 수도 있을 것이다. 무기 제조의 이익으로 생활하지 않아도 되도록 새로운 일자리를 창출해야 한다.

자비라는 우리의 이상을 실현하는 데 도움이 되는 직업을 가질 수 있다면, 정말로 감사해야 할 일이다. 우리는 매일 단순하고 건강하게 생활함으로써 자신과 타인을 위해 적절한 일자리를 창출할 수 있다. 먼저 각성하고 다른 사람들의 각성을 돕는 것은 불교 수행의 요체이다.

신문 기자 한 사람이 나에게 기업들이 이익을 위해 환경을 파괴하는 것을 어떻게 막을 수 있는지 물은 적이 있다. 나는 기업들이 범하고 있는 해악에 대해 설법하는 것은 근본적인 문제를 해결하는 것이 아니라고 했다. 문제의 핵심은 많은 사람이 이익 창출을 행복이라고 생각한다는 데 있다. 우리는 그 사람들이 환경을 해치지 않는 다른 종류의 행복을 맛볼 수 있도록 해야 한다. 그래서 우리는 기업인을 위한 수련회를 조직하여, 그들이 다른 종류의 행복, 즉 자신과 남, 그리고 우리의 소중한 행성에 피해를 주지 않는 그윽하고도 참된 행복을 경험할 수 있도록 한다.

제12의 마음챙김 수행법

생명 존중

우리는 전쟁과 분쟁으로 큰 고통이 일어난다는 것을 깨달아, 일상생활에서 비폭력, 자비, 그리고 상호존재의 통찰을 기르기로 결심하고, 가족들, 공동체들, 여러 인종과 종교 집단, 국가들 사이에서 그리고 세계에서, 평화 교육, 마음챙김에 의한 조정과 화해를 촉진하기로 결심합니다. 우리는 죽이지 않고 다른 사람도 죽이지 않도록 할 것을 약속합니다. 우리는 세계 안에서, 우리의 생각이나 생활 방식에 있어서 어떠한 살생도 지지하지 않습니다. 우리는 생명을 지키고 전쟁을 막고 평화를 구축하기 위한 더 나은 방법을 찾기 위해, 승가와 함께 깊이 보기를 열심히 실천할 것입니다.

▼

살인은 세계의 모든 나라에서 비난받고 있다. 그러나 불살생을 위한 불교 수행법은 더욱 확장되어 모든 생명을 포함한다. 그렇지만 부처나 보살을 포함해서 그 누구도 생명 존중이라는 마음챙김 수행법을 완벽하게 행할 수는 없다. 우리가 작은 일보를 내딛거나 물 한 잔을 끓일 때, 우리는 작은 생명을 많이 죽인다. 이 수행법의 핵심은 생명을 존중하고 보호하기 위해 모든 노력을 기울여 평화와 화해의 방향으로 계속 전진하는 것이다. 우리가 100% 성공하지 못하더라도 최선을 다할 수는 있다.

이 마음챙김 수행법은 제11의 수행법인 바른 생업과 밀접하게 관련되어 있다. 우리가 살아가는 방식, 무엇을 어떻게 소비하느냐는 인간이나 다른 생물의 생명과 안전에 영향을 미친다. 폭력에는 많은 종류가 있다. 전쟁은 폭력의 명백한 사례이다. 전쟁은 대부분 광신주의나 편협함, 또는 정치적 영향력이나 경제력을 얻고 싶다는 의지 때문에 일어난다. 기술적, 정치적으로 더 강력한 사회가 다른 사회를 착취하는 것은 또 다른 형태의 폭력이다. 전쟁이 시작된 다음 반대할 수는 있지만, 최선은 전쟁 발발을 막는 일이다. 전쟁을 막는 방법은 평화를 만드는 것이다. 우리는 자기 자신으로부터 시작해서, 광신주의와 견해에 대한 집착과 싸우고, 사회 정의를 위해 일함으로써 일상생활 속에서 평화를 가장 먼저 달성한다. 우리는 자국을 포함한 모든 나라의 정치적, 경제적 야심에 반대하기 위해 정력적으로 일해야 한다. 이러한 중요한 이슈들이 국내적, 국제적 차원에서 논의되지 않으면, 우리는 결코 사회적 폭력을 막을 수 없다.

우리는 일상생활에서 불살생에 대한 마음챙김 수행법을 공부하고 실천함으로써 시작한다. 일상에서 마음챙김 없이 살아간다면, 세계의 조직적인 폭력에 대해 우리들 자신이 어느 정도 책임을 지게 된다. 매년 약 300만 명의 아이들이 영양실조로 목숨을 잃고 있다.● 예를 들어 서양 국가에서는 술 제조나 소 사료로 사용되는 곡물의 양이 방대하다. 과학자들은 서양에서 고기와 알코올 소비를 50% 줄이면서 이용 가능해지는 곡물로 개발도상국의 모든 기아와 영양실조 문제를 해결할 수 있다고 말해왔다. 술과 육류 소비가 감소하면, 자동차 사고와 심혈관 질환 및 기타 현대 서양의 질병으로 인한 사상자도 줄어들 것이다.

전 세계 방위 예산은 여전히 거액이며, 종종 건강과 사회복지를 희생시키고 있다. 연구에 따르면, 무기 제조를 중단하거나 크게 줄일 수 있다면 세계에서 빈곤, 기아, 무지 및 많은 질병을 일소하는 데에 필요한 충분한 자금을 얻을 수 있다. 바쁜 일상에서 우리는 이 불살생의 마음챙김 수행법을 깊이 들

●   UNICEF, 2019: https://www.unicef.org/nutrition/

여다볼 시간을 충분히 가질 수 있을까? 우리 중 몇 사람이나
이 수행을 충분히 하고 있다고 정직하게 말할 수 있을까?

제13의 마음챙김 수행법

관대함 기르기

우리는 착취, 사회적 부정의, 도둑질, 억압이 일으키는 고통을 깨달아, 생각하고 말하고 행동하는 방식에서 관대함을 기르기를 약속합니다. 우리는 사람, 동물, 식물, 광물의 행복을 위해 일하고, 어려운 사람들에게 시간, 에너지, 물자를 나눔으로써 자애심을 실천합니다. 우리는 남의 것을 훔치거나 소유하지 않겠다고 결심합니다. 다른 사람의 재산을 존중하지만, 사람들이 타인의 고통이나 다른 생명의 고통으로부터 이익을 얻지 못하도록 노력하겠습니다.

▼

제13의 마음챙김 수행법은 사회적 부정의가 일으킨 아픔을 깨닫게 하고, 보다 공정하고 인도적이며 공평한 사회를 위해 일할 것을 우리에게 촉구한다. 이 수행은 제4의 수행법(고통의 자각), 제5의 수행법(검소하고 건강한 생활),° 제11의 수행법(바른 생업), 제12의 수행법(생명 존중)과 밀접하게 연결되어 있다. 이 마음챙김 수행법을 깊이 이해하려면 이 4가지 수행법에 대해 명상해야 한다.

착취, 사회적 부정의, 절도, 억압은 다양한 형태로 나타난다. 우리는 개인의 단계에서 그리고 공동체로서, 우리의 상황을 살펴보고, 지성과 깊이 보는 능력을 행사하여 자애심(maitrī°°, 곧 다른 사람에게 기쁨을 주는 사랑)을 표현하고 우리 시대의 진정한 문제를 다룰 수 있는 적절한 방법을 찾을 수 있다.

잔혹한 독재 정부 아래 고통받는 사람들을 우리가 도우려한다고 가정해보자. 우리는 그 정부를 전복하려고 파병을 하는 것이 그 나라를 불안정하게 하고 수많은 무고한 사람들의 죽음을 초래한다는 것을 경험으로 알고 있다. 우리는 자애심으로 더 깊이 바라봄으로써, 국가가 독재자의 손에 넘어가기 전에 돕는 것이 최적기임을 깨달을 수 있다. 그 나라 청년에게 민주적인 통치 방식을 배울 기회를 제공하는 것은 미래의 평화에 대한 좋은 투자가 될 것이다. 상황이 악화될 때까지 기다

○   이 책의 다른 곳에서는 제5의 수행법은 '자비롭고 건강한 생활'로 되어 있다.

○○   사무량심의 하나를 의미하는 범어다. 팔리어는 mettā로 표기된다. 보통 자(慈)로 한역된다.

리면, 너무 늦을 수 있다. 우리가 정치인, 군인, 비즈니스 리더, 변호사, 입법자, 예술가, 작가, 교사들과 함께 수행하면, 우리는 그들을 위해 다양한 환경과 상황에서 자비심, 자애심, 이해를 실천하기 위한 최선의 방법을 찾아줄 수 있다.

관대함을 수련해야 한다. 관대해지고 싶다는 것과 실제로 그것에 대해 무언가를 하는 것은 같지 않다. 우리는 다른 사람들이 행복해지는 것을 돕고 싶어 하면서도, 자신의 일상적인 문제에 너무 빠져 있다. 아프거나 배고픈 아이들의 생명을 구하는 데 알약 하나나 소량의 쌀로 충분한 경우가 종종 있지만, 우리는 도울 시간이 없다고 생각할 수도 있다. 많은 나라에서 가난한 어린이에게 점심과 저녁 식사를 제공하는 데 드는 비용은 고작 20센트이다. 이처럼 사람들을 돕기 위해 우리가 할 수 있는 간단한 일은 많다. 바쁜 라이프스타일이 우리 행동을 방해하도록 해서는 안 된다.

사람들이 남들의 고통으로부터 이익을 취하는 것을 막는 방법을 찾아내는 것은, 더 좋은 사회를 만들고 싶어 하는 입법자, 정치인, 혁명적인 지도자의 일차적 의무이다. 하지만 우리도 각자 기여할 수 있다. 우리는 피억압자와 연대하여 그들의 생명권을 보호하고 억압과 착취로부터 그들 스스로를 방어하도록 도울 수 있다. 보살의 서원은 무량하며, 우리 각자는 진정한 보살이 되어 사람들을 고통에서 구하는 데 도와줄 수 있다.

제14의 마음챙김 수행법

진정한 사랑

일반 재가자들을 위해: 우리는 성욕이 사랑이 아니며, 갈망에 의한 성적 관계는 외로움을 해소할 수 없고 더 많은 고통, 좌절감, 고립을 초래한다는 사실을 깨달아, 상호 이해와 사랑, 그리고 우리 가족과 친구들에게 알려진 깊고도 장기적인 약속 없이는 성적 관계를 갖지 않을 것을 결심합니다. 마음과 몸이 분리되어 있지 않다는 것을 알아서, 우리는 성 에너지를 돌보는 적절한 방법을 배우고, 우리 자신의 행복과 다른 사람의 행복을 위해 자애, 자비, 기쁨, 포용성을 기르기 위한 적절한 방법을 배우기로 약속합니다. 우리는 성적 관계로 인해 발생할 수 있는 미래의 고통을 알고 있어야 합니다. 우리는 자기 자신과 타인의 행복을 유지하기 위해 자기 자신의 권리와 약속 그리고 타인의 권리와 약속을 모두 존중해야 한다는 것을 알고 있습니다. 우리는 아동을 성적 학대로부터 보호하고, 연인과 가족이 성적 부정행위로 인해 깨지지 않도록 보호하는 데 우리가 할 수 있는 최선을 다하겠습니다. 우리는 자비심과 존경심을 가지고 우리 몸을 대할 것입니다. 우리는 보살의 이상을 실현하기 위해 네 가지 영양소[사식四食]를 깊이 들여다보고 생명 에너지(성, 호흡, 정신)를° 보존하고 전달하는 방법을 배우기로 결심합니다. 우리는 새로운 생명을 세상에 가져오는 책임을 충분히 깨달아, 그들의 미래 환경에 대해 정기적으로 숙고합니다.°°

○   도교에서 말하는 정기신(精氣神)을 가리킨다.

○○   해당 항목은 2022년 아래와 같이 개정되었다.
"우리는 성욕이 사랑이 아니며, 갈망에 의한 성적 관계는 외로움을 해소할 수 없고 더 많은 고통, 좌절감, 고립을 초래한다는 사실을 깨달아, 상호 이해와 사랑, 그리고 우리 가족과 친구들에게 알려진 깊고도 장기적인 약속 없이는 성적 관계를 갖지 않을 것을 결심합니다. 우리는 지지와 신뢰가 있는 가족, 친구, 승가로부터 관계의 진실성을 위한 영적 지원을 받기로 결심합니다. 우리는 자신과 타인의 행복을 지키기 위해 자신과 타인의 권리와 약속을 존중해야 한다는 것을 알고 있습니다. 인간 경험의 다양성을 인정하며, 우리는 어떤 형태의 성 정체성이나 성적 지향도 차별하지 않을 것을 약속합니다. 몸과 마음이 서로 연결되어 있음을 알아서 우리는 성 에너지를 돌보는 적절한 방법을 배우고, 우리 자신의 행복과 다른 사람의 행복을 위해 자애, 자비, 기쁨, 포용성을 기르기 위한 적절한 방법을 배우기로 약속합니다. 우리는 성적 관계로 인해 발생할 수 있는 미래의 고통을 알고 있어야 합니다. 우리는 자비와 존중으로 우리의 몸을 대할 것입니다. 우리는 보살의 이상을 실현하기 위해 네 가지 영양소[사식四食]를 깊이 들여다보고 우리의 생명 에너지(성, 호흡, 정신)를 보존하고 전달하는 방법을 배우기로 결심합니다. 우리는 아동을 성적 학대로부터 보호하고, 연인과 가족이 성적 부정행위로 인해 깨지지 않도록 보호하는 데 우리가 할 수 있는 최선을 다하겠습니다. 우리는 새로운 생명을 세상에 가져오는 책임을 충분히 깨달아, 그들의 미래 환경에 대해 정기적으로 숙고합니다."

출가자를 위해: 우리는 비구와 비구니의 깊은 염원이 성적 사랑의 속박에서 완전히 벗어나야만 실현될 수 있음을 깨달아, 순결을 실천하며, 타인이 그 자신을 지키는 것을 도와주기로 약속합니다. 고독과 괴로움은 성적 관계가 아니라 자애, 자비, 기쁨, 관대함을 실천함으로써 경감될 수 있음을 우리는 깨닫고 있습니다. 우리는 성적 관계가 출가 생활을 파괴하고 중생을 섬긴다는 이상의 실현을 막고 다른 생명을 해칠 것임을 알고 있습니다. 우리는 성적 에너지를 관리하는 적절한 방법을 배울 것입니다. 우리는 우리의 몸을 억압하거나 학대하지 않기로, 우리의 몸을 도구로만 보지 않기로 결심하고, 자비심과 존경을 가지고 우리 몸을 대하는 방법을 배울 것입니다. 우리는 보살의 이상을 실현하도록 우리의 생명 에너지(성, 호흡, 정신)를 보존하고 전달하기 위해 네 가지 영양소(四食)를 깊이 들여다볼 것입니다.

▼

우리들의 현대 사회에서는 성욕은 많아도 사랑은 거의 없다.

이것은 개인에게만 아니라 가족과 사회 내에서도 막대한 고통을 초래한다. 우리 각자는 모두 진정한 사랑을 키우고 성욕을 돌볼 필요가 있다. 이 계율은 모든 사람이 이것이 얼마나 중요한지 깨닫게 하려는 것이다.

많은 개인, 어린이, 연인, 가족이 성적 비행으로 인해 상처를 입어왔다. 이런 수행법을 행하는 것은 우리 자신과 다른 사람들이 상처 입지 않도록 하는 것이다. 우리의 안정 그리고 가족과 사회의 안정이 여기에 달려 있다. 제14의 마음챙김 수행법을 행하는 것은 우리 자신과 사회를 치유하는 것이다.

과거에 우리의 심신을 지키는 것에 대한 동양과 서양의 견해들은 아마도 상당히 비슷했을 것이다. 즉, 우리가 마음 중에 가장 깊고 내밀한 것을, 우리가 아주 친한 친구로 신뢰하고 사랑하는 친구와만 공유하듯이, 우리 몸에 대해서도 그랬을 것이다. 두 사람 사이에 사랑의 깊은 유대가 없다면, 서로에게 몸을 맡기지 않는다. 이것은 성애를 매우 신성한 것으로 만든다. 타인의 몸을 단지 관능적인 쾌락을 가져다주는 도구로만 생각한다면, 성적 관계는 그 신성함을 잃게 될 것이다.

몸과 마음은 별개의 두 실체가 아니다. 성적 학대를 받은 사람들은 자신이 아주 소중한 것을 잃었다고 느끼며, 그 상실감과 상처는 평생 지속될 수 있다. 우리 몸의 온전함은 우리 마음의 온전함과 결부되어 있다. 몸과 마음이 한 실재의 양면이라는 통찰은 매우 중요하다. 몸은 마음속에 있고 마음은 몸속에 있다. 정신의 차원에서 이해와 친교가 있을 때만 두 몸의 결합은 긍정적일 수 있다.

당신 파트너의 몸은 전적으로 당신이 존경해야 할 성스러운 곳임을 알아야 한다. 정신적 가치에 관해서 말하자면, 상대방이 당신의 가장 가까운 평생 친구가 되어야만 몸과 마음을 맡길 수 있다. 성적 친교에는 마음챙김, 큰 존경심, 보살핌, 사랑이 수반되어야 한다.

두 사람이 결혼하고 있거나 장기간의 헌신적인 관계에 있는 경우에도, 집에서 존경하는 손님을 대하듯이, 서로에 대해 큰 존경심을 계속해서 보여야 한다. 상대방 안에서 깊고도 경이로운 것을 매일 계속해서 발견한다면, 당신의 사랑은 평생 지속될 수 있다.

지나칠 만큼 성적인 사회에서 성적 욕구의 에너지를 어떻게 돌볼 수 있을까? 우리는 자신의 감각을 지키고 마음챙김 소비를 해야 한다. 우리는 일상생활에서 광고, 소셜미디어, 인터넷, 책, 영화, 잡지로부터 소리와 이미지 등, 성욕의 씨앗에 물을 주는 수많은 감각적 인상[觸食]을 받고 있다. 우리 사회에서 섹스는 상품을 파는 수단으로 널리 사용되고 있다. 성적 에너지를 돌본다는 것은 미디어나 인터넷이 성욕의 씨앗에 물을 뿌리는 것을 허락하지 않는다는 뜻이다. 우리는 마음챙김을 수행하면 부적절한 영화, 책, 대화로부터 거리를 둘 수 있다.

우리가 먹고 마시는 방식, 장소, 종류, 양 또한 우리가 가진 성적 에너지의 양에 영향을 미칠 가능성이 있다. 육식도 하지 않고 음주하지 않는 것은 도움이 된다. 육식과 음주가 우리의 마음에 영향을 주어서, 충동의 자제를 약화시키고 욕망을 증대시킬 가능성이 있다. 우리는 항상 적당히 먹어야 하는데, 특히 저녁 식사가 그렇다. 규칙적인 운동, 기공, 요가, 태극권은 성적 에너지를 조절할 뿐만 아니라 명상에도 그리고 창조적 표현을 위한 수단을 찾는 데도 도움이 된다.

불교에서 진정한 사랑의 네 가지 기본 요소는, 자애[慈, loving kindness], 자비[悲], 기쁨[喜], 평정[捨]이다.° 이러한 요소들을 수행하는 것은 우리 자신과 다른 사람들의 행복을 늘리는 데 도움이 된다. 우리는 함께 매일의 사랑 안에서 이러한 요소들을 증가시킬 수 있다. 이 수행법을 잘 실천하는 방법을 서로에게서 배울 수 있도록 정기적으로 법담 세션을 조직할 필요가 있다.

진정한 사랑이란 장단점을 포함해서, 상대를 있는 그대로 수용하는 것이기도 하다. '장기적인 약속'이라는 표현은 '사랑'

° 사무량심(四無量心)을 말한다.

이라는 말을 이해하는 데 도움이 된다. 두 사람 사이의 장기적인 약속은 시작일 뿐이다. 나무가 튼튼하기 위해서는 많은 뿌리를 땅 깊은 곳까지 내려야 한다. 뿌리가 하나밖에 없는 나무는 바람에 쓰러질 수 있다. 연인의 인생은 가족, 친구, 이상(理想), 수행, 승가 등 많은 요소의 도움을 받아야 한다. 이 때문에 우리의 관계가 승가, 친구, 가족에게 알려져야 한다.

책임은 우리 수행의 핵심이다. 타인에 대한 책임감을 갖기 위해서는 마음챙김이 필요하다. 수행 공동체에서는 성적인 부정행위가 없어야 안정과 평화가 있다. 여러분들은 법 형제자매로서 서로를 존중하고 도우며 지킨다. 우리는 수많은 사람의 안녕에 책임이 있기 때문에, 성적인 부정행위를 삼가야 한다. 무책임하다면 우리는 모든 것을 파괴할 수 있다. 이 수행법을 행함으로써 우리는 승가를 아름답게 지킨다.

널리 만연한 고독, 광고, 사회에서 점점 늘어나는 성적 대상화 등 모든 것이 이 수행법을 실천하기 어렵게 한다. 고독감은 만연해있다. 우리 자신과 타인들, 심지어 우리 가족 사이에 소통이 원활하지 않을 때, 고독감과 사랑에 대한 욕구는 성적인 관계에서 친밀함을 갈구하게 만들 수 있다. 그러나 성적 관계를 가진다고 고독감이 줄어들 것이라는 믿음은 허상이다. 사실 이것이 우리의 동기라면 그 후 더 큰 고독감을 느끼게 될 것이다. 마음과 정신의 차원에서 다른 사람과의 소통이 충분하지 않을 때, 성적 관계는 서로 간의 갭을 넓히고 두 사람 모두에게 더 많은 고통을 줄 뿐이다. 이것이 관계의 기본이라면 관계는 폭풍처럼 될 것이고 우리는 서로를 괴롭히게 된다.

제14의 마음챙김 수행법을 행하면서 우리는 우리의 감정을 보고 그것에 속지 않기 위해 항상 우리가 하는 사랑의 본성을 들여다보아야 한다. 때때로 우리는 상대를 사랑한다고 자신에게 말하지만, 그 사랑은 우리의 이기적인 욕구를 충족시키려는 시도에 불과할 수 있다. 어쩌면 우리는 다른 사람의 욕구를 충분히 들여다보지 않았을 수도 있다. 우리는 상대방을, 욕망의 대상이나 우리의 욕구를 충족시켜주는 대상이 아니라, 부처가 될 능력을 가진 사람으로서 봐야 한다는 것을 기억해야 한다. 상대방의 필요, 염원, 어려움을 이해하지 못한다면 그것은 진정한 사랑이 아니다.

동양에서는° 정(精, sexual), 기(氣, vital breath), 신(神, spirit)의 세 가지 에너지원이 있다고 한다. 정 에너지(sexual energy)는 성교 중에 소비하는 에너지 유형이다. 기(vital breath)는 우리가 말은 많고 숨은 적을 때 소비하는 에너지이다. 신(spirit)은 우리에게 걱정이 너무 많을 때 소비하는 에너지이다.

우리는 이들 에너지 사이의 좋은 균형을 유지하는 방법을

° 동양 중에서도 특히 도교를 가리킨다.

알아야 한다. 그렇지 않으면 무책임하게 행동한 것이 된다. 동양의학에 따르면 이 세 가지 에너지원이 고갈되면 몸이 약해지고 병이 난다. 그러면 수행하기가 더 어려워진다.

석가모니 부처님은 수년간의 고행 끝에 자신의 몸을 학대하는 것이 잘못임을 깨닫고 고행을 버리셨다. 그는 관능적인 쾌락에 탐닉하는 것도, 자신의 몸을 학대하는 것도 피해야 할 극단이며, 둘 다 마음과 몸이 타락하는 것이라고 이해하셨다. 그 결과 그는 두 극단 사이의 중도를 택하셨다.

의식적인 호흡을 수행할 때, 곧 호흡을 세든가 호흡을 따라갈 때, 우리는 기 에너지를 낭비하지 않고 강화한다. 집중 그리고 명상의 즐거움은 신(神)을 허비하는 것이 아니라 강화하는 것이다. 도교와 무술(武術)에서는 이 세 가지 에너지원을 보존하고 양생하기 위한 수행이 있다. 예술과 명상의 영역에서 성적인 에너지[精]를 깊은 깨달음 안으로 흐르게 하는 방법을 배울 수 있다.

부처님 시대의 전형적인 승려란 주야를 가리지 않고 걷기 명상과 좌선을 수행하는 조용한 사람이었다. 그들은 매일 아침 발우를 들고 지역 마을로 가서 음식을 구걸했고, 음식을 기부한 각 신도에게 짧은 설법을 했다. 이러한 생활 방식을 통해 승려들은 기(氣) 에너지와 신(神) 에너지를 모두 유지할 수 있었다.

부처님 시대 승려들이 성행위를 삼간 주된 이유는 에너지 보존을 위해서였다. 이것은 불교 그리고 다른 대부분의 동양의 영적 및 의학적 전통 사이의 공통점이다. 비폭력 투쟁의 가장 어려운 시기에 마하트마 간디도 금욕을 실천했고, 긴장되고 곤란한 상황에 대처하는 방법으로서, 동료들에게도 실천하라고 조언했다. 정신의 힘은 이 세 가지 에너지원에 달려 있다. 베트남어에서 "정신(tinh thần)"이라는 단어는 성적 에너지(精, tinh)와 신(神, thần)을 조합한 것이다. 물질적인 것과 정신적인 것은 더 이상 구별되지 않으며, 한 이름은 다른 것에도 사용된다. 단식을 해본 사람은 세 가지 에너지원이 유지되지 않으면 길게 단식할 수 없다는 것을 안다. 1966년 승려 틱트리쾅(Thích Trí Quang)은 100일간 단식하면서 전쟁 때문에 사람들이 겪는 고통에 주의를 기울이게 했다. 자신의 세 가지 에너지원을 보존하는 방법을 알고 있었기 때문에, 그는 이렇게 할 수 있었다.

부처님 시대에 승려들이 성적 행위를 삼갔던 두 번째 이유는, 해탈의 길에 집중하기를 원했기 때문이다. 승려에게 양육하고 돌봐야 할 가족이 있다면, 수행할 시간이 거의 없었을 것이다. 오늘날 많은 승려와 사제들은 아내나 자녀가 없음에도 불구하고 늘 바쁘다. 사찰과 종교 단체를 돌봐야하는 일만 해도 여느 가장 못지않게 바쁘다. 어느 날 다이산(Daisan) 스님이 친구에게 너무 바쁘다고 불평하자 친구는 "왜 스님이 되지 않으시죠?"라고 대답했다.° 승려라면 그렇게 바쁠 리가 없다. 수행할 시간이 없다면 승려로 남아 있을 이유가 없다.

부처님 시대의 승려들이 성행위를 자제했던 세 번째 이유는 "윤회의 사슬(samsāra)"을 끊기 위해서였다. 윤회의 첫 번째 의미는, 우리가 자기 자손, 우리의 자식과 손주들로 다시 태어나는 것이다. 부처님 시대에는, 우리 시대보다 훨씬 더 많은 사람에게 빈곤과 질병이 공통된 운명이었다. 자식이 너무 많고, 자식들 모두가 허약하고 병들어 있는 가족을 상상해 보라. 식량은 영구적으로 부족하고 약도 피임 수단도 없었다. 매년 새 아이가 태어난다. 이것은 세계의 많은 지역에서 오늘날에도 일반적이며, 부모와 자녀 모두 엄청난 고통을 겪고 있다. 윤회는 이러한 맥락과 배경에서 이해되어야 한다. 이런 사람들에게 새로운 탄생은 기쁨이 아니라 종종 재앙이다. 아이를 낳는다는 것은 굶주림과 질병의 순환을 영속화하는 것이다. 이것은 삼사라의 지속이다. 따라서 부처님 시대에 금욕을 위한 마음챙김 수행법은, 원치 않는 출산을 예방하는 것도 그 목표의 하나였다.

우리는 이 마음챙김 수행법이 어떻게 인구, 기아, 경제 발

○ 　문맥상, "'왜 스님이 되셨죠?'라고 대답했다.'가 더 어울린다.

전 문제와 직접 관련되어 있는지 알 수 있다. 2천 년 이상 스리랑카, 미얀마, 태국, 라오스, 캄보디아, 중국, 베트남, 한국, 티베트, 몽골과 같은 국가에 불교 승려들이 존재함으로써, 세계 인구 감소에 크게 기여해 왔다. 인구 폭발은 우리 시대의 가장 심각한 문제의 하나이다. 기아는 전쟁으로 이어지고, 우리 시대의 전쟁은 엄청나게 파괴적이다. 인구를 조절할 수 없는 국가는 빈곤을 극복할 수 없다.

핵에 의한 대학살의 위협이 있다. 기후 변화, 서식지 및 환경 파괴, 종의 멸절, 해수면 상승, 대량 이주와 난민, 천연자원 고갈 등도 현실이다. 세상의 실정을 알아야 한다. 우리는 우리 자신과 자녀에 있어서 보다 좋은 미래를 창조할 수 있는 방식으로 행동하고 생활할 수 있도록 우리에게 동기를 부여하기 위해, 자식들이 살아갈 미래에 대해 숙고할 필요가 있다.

정답은 아이를 그만 낳는 것이 아니라, 세상을 더 나은 곳으로 만드는 것이다. 지구의 미래와 우리 아이들의 미래는 오늘날 우리가 살아가는 방식에 달려 있다. 우리가 계속해서 생태계를 착취하고 파괴한다면, 우리의 탐욕이 지구와 지구의 모든 경이로움을 계속 파괴하도록 둔다면, 그리고 세계 인구의 증가를 억제하지 않는다면 지구와 인류에게 미래는 없을 것이다. 우리 개개인이 살아가는 삶의 방식은 평화로운 미래를 위한 초석이다. 제14의 마음챙김 수행법은 광범위하고, 그것을 지키는 것은 접현종의 다른 모든 마음챙김 수행법과 연결되어 있다.

▽

접현종의 14가지 마음챙김 수행법은 부처님 가르침의 요체이다. 그것들은 단순한 아이디어가 아니라, 마음챙김을 일상생활에 구체적으로 적용하는 방법을 보여준다. 이러한 수행법들을 깊이 행하면, 각 수행법에 다른 모든 수행법이 포함되어 있음을 알게 된다. 마음챙김 수행법을 공부하고 행하면 이는 상호존재(interbeing)의 진정한 본성을 이해하는 데 도움이 될 수 있다. 우리는 그저 혼자로 존재할 수 없다. 우리는 모든 사람 그리고 만물과 상호존재(inter-be)할 수밖에 없다. 이러한 수행법들을 행함으로서 우리는 우리의 몸과 마음 그리고 세상에서 무슨 일이 일어나고 있는지 알아차릴 수 있다. 그 알아차림을 통해 우리는 삶을 행복하게 살 수 있고, 살아있는 매 순간 온전히 존재하며, 우리가 직면한 문제에 대한 해결책을 영리하게 찾고, 작든 크든 평화를 위해 노력할 수 있다.

5가지 마음챙김 수행법을 깊이 행하고 있다면 이미 14가지 수행법을 행하고 있는 셈이다. 당신이 공식적으로 14가지 마음챙김 수행법을 받고 접현종의 핵심 공동체에 가입하고 싶다면, 그것은 당신이 승가를 설립하고, 승가에서 수행을 조직하는 것을 돕고 싶기 때문이다. 그렇지 않다면 5가지 마음챙김 수행법으로 충분하다. 공식 수계식 없이도, 접현종의 일원으로 수계 받지 않아도, 14가지 마음챙김을 행할 수 있다.

종교를 불문하고 많은 사람이 14가지 마음챙김 수행법의 가르침에 깊이 감사하고 있다. 한 유대교 랍비는 영감을 받아 십계명의 버전을 만들었다. 각 계명은 "○○이 일으킨 고통을 깨달아"라는 구절로 시작한다.● 기독교, 유대교, 이슬람교 또는 그 밖의 가르침과 관계없이, 수행법의 몇 개의 단어를 자유롭게 변경하고, 자신의 전통에 맞춰서 적용할 수 있도록 하라. 여러분도 저와 함께 이 마음챙김 수행법 또는 여러분의 전통에 있어서 이에 상응하는 수행법을 실천해 보시기를 바란다. 우리가 함께 글로벌 윤리를 실천하는 것은, 우리 자신의 안녕과 세계의 안녕을 위해 매우 중요하다.

● Rami Shapiro in *Minyan: Ten Principles for Living a Life of Integrity* (New York: Harmony Books, 1997).

제3부 접현종 종헌

The Charter of
the Order of
Interbeing

접현종 종헌 서문

친애하는 독자 여러분, 이것은 종헌의 1996년 개정판이며, 일부 실용성에 있어서 종단의 현재 사정을 반영하지 않기 때문에 개정해야 할 때가 왔습니다. 종헌 자체가 명시한 바와 같이, 종헌의 모든 과거 버전은 종단의 발전을 알려주는 역사적 가치가 있기 때문에 보존되어야 합니다. 그래서 우리는 여기서 종헌을 역사적 문서로 제시합니다. 종헌에 언급된 수행의 기본 원칙은 여전히 유효하며 종단 생활의 중요한 부분입니다.

접현종의 종헌에 따르면, 종단의 목표는 불교를 우리 시대에 적합하게 만드는 것이다. 종원들은 자신의 인생과 사회 내의 생활에서 다재다능하고 효과적인 방식으로 종헌을 공부하고 경험하고 적용한다. 종원들은 다른 사람들을 돕고자 하는 보살의 염원을 가지고 있다.

종헌은 종단의 기초로서 네 가지 원칙을 가지고 있다. 견해에 대한 무집착, 마음챙김과 명상을 통해 상호의존적 발생의 본질을 직접 깨닫는 것; 적절성°; 그리고 방편이다. 이러한 각 원칙을 검토해보자.

1. 견해에 대한 무집착

집착이란 도그마, 편견, 습관, 그리고 우리가 진리라고 생각하는 것에 사로잡히는 것을 의미한다. 수행의 첫 번째 목표는 모든 집착, 특히 견해에 대한 집착에서 벗어나는 것이다. 이것은 불교의 가장 중요한 가르침이다.

2. 명상을 통한 진리의 직접적인 깨달음

이것은 집중하는 수행, 즉 일단 멈추고 깊이 들여다보아서 상호존재의 진리를 깨닫는 수행을 의미한다.《피어나는 연꽃(Blooming of a Lotus)》또는《대지에 접하기(Touching the Earth)》라는 책에 상호의존성을 깊이 들여다보는 데 도움이 되는 안내 명상이 많이 들어있다.●

○   적절성은 영어 단어 appropriateness의 번역어이다. 그런데 바로 다음 페이지에서는 appropriateness 대신 relevance를 사용하고 있다. 거의 같은 의미로 사용된 듯하지만 번역은 각각 '적절성'과 '적합성'으로 옮겼다.

●   틱낫한의 *Blooming of a Lotus: Guided Meditation Exercises for Healing and Transformation* (Boston: Beacon Press, 1993). Thich Nhat Hanh, *Touching the Earth: Intimate Conversations with the Buddha* (Berkeley: Parallax, 2004) 참조.

3. 적합성

가르침은 이해와 자비를 불러일으키기 위해 사람들의 필요와 사회 현실을 반영해야 한다. 이를 위해서는 두 가지 기준을 충족해야 한다. 불교의 기본 교리에 부합해야 하고, 그것을 받는 사람에게 진정으로 도움이 되고 적절해야 한다. 불교로 들어갈 수 있는 84,000개의 법문이 있다고 한다. 불교가 지혜와 평화의 살아있는 원천으로 지속되려면 더 많은 문이 열려야 한다.

4. 방편(upāya)

방편은 총명한 교사가 부처님의 길을 보여주고 사람들이 자신의 특정 상황에서 불도를 실천하려는 노력을 이끌기 위해 사용하는 언어, 이미지, 방법 및 수행을 말한다. 이런 방편들이 바로 법문이다.

이 네 가지 원칙에 관하여 종헌은 제2조 6항에서, 견해에 대한 무집착의 정신과 진리를 직접 깨닫는 정신이 참된 이해를 얻는 데 가장 중요한 두 가지 지침이라고 명시하고 있다. 이 두 원칙은 우리가 세상을 인식하고 타인과의 관계를 맺는 방식에 있어서, 객관성, 포용성, 자비로 이끈다. 두 개의 적합성 그리고 방편이라는 원칙들은 사회 내에서의 행동 지침이다. 그것들은 창의성과 불이(不二)의 깨달음으로 이어지는데, 이 둘은 모든 존재를 돕겠다는 우리의 서약을 발전시키고 이루는 데 필수적이다. 견해에 대한 무집착, 진리의 직접적인 깨달음, 두 개의 적합성, 방편의 가르침들은 《반야경》, 《법화경》《화엄경》 및 《숫타니파타》 등 가장 중요한 경전 모두에서 찾을 수 있다.

이 네 가지 원칙에 따라, 접현종은 모든 불교 종파에 대해 열린 태도를 가지고 있다. 4항에 따르면, 접현종은 어떤 특정 경전이나 경전군을 기본 경전으로 간주하지 않는다. 영감은 모든 경전에 있는 불법(佛法, Buddhadharma)의 핵심에서 나온다. 접현종은 특정 학파가 제안한 불교 가르침의 체계적 배치를 유일한 것으로 따르지 않는다. 접현종은 초기불교 내에 있는 불법의 요체는 물론, 모든 불교 전통에서 역사를 통해 발전해 온 불법의 요체를 실현하고자 한다.

5항에 따르면, 본 종은 부처님이 직접 말씀하셨든, 부처님이 가르치신 정신으로 나중에 불교 수행자들이 편찬한 것이든, 불교 정전의 모든 경전을 불교 경전으로 간주한다. 원시불교를 부파불교로 발전시킨 것은 불교의 정신을 생생하게 유지하기 위해 필요하고도 진정한 방법이었다. 불교 수행자들은 새로운 방식으로 수행하고 가르쳐야만, 불교의 생명력을 세계에 영향을 미치는 것으로 생생하게 유지할 수 있다.

또한 종헌은 개방과 변화에 대한 의지를 언급한다. 7항에는 접현종이 교조주의적인 사유와 행동을 거부한다는 것이 나타나 있다. 본 종단은 불교의 진보성과 적절성을 반영하는 다양한 가르침과 수행을, 그리고 불교의 통찰, 자비, 포용성을 삶의 중심에 두는 것을 가능케 하는 다양한 가르침과 수행을 수용한다. 접현종은 이런 정신의 보존이 불교의 외면적인 형식과 외면적인 전통을 보존하는 것보다 더 중요하다고 생각한다. 접현종 종원은 보살의 염원에 따라서, 자비와 이해의 방향으로 사회를 변혁하기 위해 자신의 습관 에너지를 바꾸는 수행을 한다.

우리는 자기 자신들과 사회가 직면한 곤란한 일을 해결하는 방법을 모색하는 선구자들에게 불교의 통찰력을 제공할 수있다.

접현종 종헌

제1조
이름, 목적, 전통

1. 본 종단의 이름은 '접현종(接現宗, Order of Interbeing)'으로
    한다.

2. 접현종의 목적은 보살의 이상을 특히 강조하며, 불교를
    공부하고 실험하고 현대 생활에 적용함으로써, 불교를 실
    현하는 것이다.

3. 접현종은 선불교의 임제종 내에 설립되었다. 본 종은 다
    음 네 가지 정신에 바탕을 두고 있다. 즉 견해에 대한 무집
    착 정신, 명상을 통해 연기의 본질을 직접적으로 실험하
    는 정신, 적절성의 정신, 방편의 정신이 바로 그것이다. 네
    가지 정신은 모든 불교 전통 안에서 찾을 수 있다.

제2조
기본 경전, 가르침, 방법

4. 접현종은 특정 경전이나 경전군을 본 종의 기본 경전으로 간주하지 않는다. 그것은 모든 경전 안에 있는 불법의 요체에서 영감을 얻고 있다. 본 종은 특정 분파가 제안한 불교 가르침들의 교상판석(教相判釋)을 받아들이지 않는다. 접현종은 초기 불교 내의 법의 정신 그리고 승가의 역사를 통해 발전된 법의 정신을 실현하는 것, 또 모든 불교 전통 안에 있는 그 법의 정신의 생명과 가르침을 실현하는 것을 목표로 한다.

5. 접현종은 부처님이 직접 설하신 것이든 후대의 불교 세대가 편찬한 것이든 모든 경전을 불교 경전으로 간주한다. 본 종은 다른 영적 전통 내의 서적에서도 영감을 찾을 수 있다. 본 종은 불교 정신을 존속시키기 위해서는, 원시불교(Original Buddhism)를 새로운 학파들로 발전시킬 필요가 있다고 생각한다. 새로운 형태의 불교적 생활을 제안해야만 우리는 진정한 불교 정신을 영속화할 수 있다.

6. 접현종의 생명은 이해와 자비심으로 키워야 한다. 불교도의 생활에서 발산되어 나오는 자비심과 이해는 인류의 평화와 행복에 기여할 수 있다. 접현종은 견해에 대한 무집착 원칙 그리고 명상을 통해 상호의존적인 발생을 직

접 실험하는 원칙을, 진정한 이해를 위한 가장 중요한 두 개의 가이드로 생각한다. 적절성의 원칙과 방편의 원칙을 사회 내의 행동의 지침으로 간주한다. 견해에 대한 무집착과 직접 실험하는 정신은 현실 인식의 영역과 인간관계의 영역 모두에서 개방적 마인드와 자비심으로 이어진다. 그리고 적절성의 정신과 방편의 정신은 창의력과 화합의 힘을 가져온다. 이 두 정신은 살아있는 존재를 돕는 데 꼭 필요하다.

7. 접현종은 외견과 행동 면에서 교조주의를 거부한다. 그것은 인생에서 통찰과 자비라는 진정한 정신을 되살리고 유지할 수 있는 모든 형태의 행동을 목표로 한다. 이 종단은 통찰과 자비의 정신을 불교의 어떤 제도나 전통보다 더 중시한다. 보살의 염원으로 접현종의 종원들은 기쁘면서도 마음챙김 있는 삶을 살아감으로써 자비와 이해의 방향으로 사회를 변화시키기 위해 자신의 변화를 추구한다.

제3조
권한, 종원, 조직

8. 비구, 비구니, 재가자는 접현종 각 종원의 자유와 책임을 보호하고 존중하기 위해 접현종 안에서 평등을 누린다.

9. 접현종은 부처님과 재가 제자들 사이, 그리고 인간과 궁

극적 실재 사이에 중보자(仲保者)의 필요성을 인정하지 않는다. 그러나 본 종은 조사(祖師), 비구와 비구니, 재가자의 통찰과 경험이 불도를 수행하는 사람에게 유익하다고 생각한다.

10. 접현종 종원은 핵심 공동체나 확장 공동체 중 하나에 속한다. 핵심 공동체는 접현종의 14가지 마음챙김 수행법과 5가지 마음챙김 수행법을 지키겠다고 약속하고, 종단에서 형제자매로 수계받은 사람들로 구성된다. 확장 공동체는 접현종의 정신에 따라 살려고 하지만, 14가지 마음챙김 수행법을 지키겠다고 공식으로 서약하지 않았거나, 접현종의 수계를 받지 않은 종원들로 구성된다. 핵심 공동체의 종원은 지역 승가를 조직하고 지원하는 책임을 수용하고, 마음챙김 수행법을 봉독하는 데, 마음챙김의 날과 마음챙김의 안거가 유지되는 데 도움을 준다.

11. 확장 공동체는 2주마다 마음챙김 수행법 봉독에 참석하고, 핵심 공동체가 후원하는 영적, 사회적 행사에 참여하면서, 핵심 공동체와 긴밀한 관계를 유지한다. 1년 이상 정기적으로 참여해온 확장 공동체의 장기 종원들은, 개인별로 핵심 공동체의 종원이 되기 위해 신청할 경우 자문을 받아야 한다. 이 경우 확장 공동체의 해당 장기 종원이 5가지 마음챙김 수행법을 받았는지의 여부는 관계없다.

12. 법사(法師, Dharmacharyas)는 수행의 안정성과 행복한 삶을 영위할 수 있는 능력을 근거로 하여 스승으로 선정된 핵심 공동체의 종원이다. 그들은 지역 승가에서 기쁨과 안정성을 응원하는 기능을 한다. 지역 승가는 예비 법사를 추천하도록 권장된다.

제4조
접현종의 마음챙김 수행법, 수계의 조건

13. 접현종의 마음챙김 수행법은 영적 수행을 모든 사회적 행동의 기반으로 간주하는 종단의 생활을 반영한다.

14. 마음챙김 수행법은 종헌의 핵심이다. 종원들은 2주마다 5가지 마음챙김 수행법과 14가지 마음챙김 수행법을 봉독해야 한다. 3개월 동안 봉독이 없다면 수계는 무효가 된다.

15. 18세 이상의 모든 사람은 인종, 국적, 피부색, 성별 또는 성적 지향에 관계없이, 접현종의 핵심 공동체의 마음챙김 수행법 및 기타 자격 요건을 배우고 수행할 수 있는 능력을 보여주었고, 삼보 및 5가지 마음챙김 수행법을 공식적으로 받았다면, 종단에 가입할 자격이 있다.

16. 지원 절차는 후보자가 접현종의 핵심 공동체 종원이 되겠다는 염원을 고지함으로써 시작된다. 그 고지는 지역

승가 핵심 공동체 종원에게 서면으로 전달하거나, 인근에 아무도 없는 경우 적절한 법사에게 전달해야 한다. 후보자는 삼보와 5가지 마음챙김 수행법을 받은 자여야 한다. 그러면 한 명 이상의 핵심 공동체 종원이 후보자의 멘토가 되어서, 그가 행복하고 확고하게 수행할 때까지 그리고 승가와 조화를 이루는 수행을 할 때까지 최소 1년 동안 후보자를 단련시켜야 한다. 이러한 과정을 통해 지원자는 핵심 공동체를 더 잘 알 수 있다. 마찬가지로, 멘토들은 핵심 공동체로 하여금 지원자를 더 잘 알 수 있도록 하고, 특히 지원자가 추가적인 지도가 필요한 수행 영역에서 그에게 지도와 지원을 해주고, 그 공동체가 종단 종원의 역할에 대해 지원자를 훈련시킬 수 있도록 한다. 적합하다면 핵심 공동체 종원과 법사(들)는 확장 공동체의 장기 종원과 자문 협의를 한 후, 후보자가 접현종의 수계를 받을 준비가 되었는지를 결정할 수 있다. 핵심 공동체 종원의 업무에는 승가 건설 및 지원, 개인적인 경험으로부터 법을 설하는 일, 타인 안에 보살심을 키우는 일이 포함된다. 이런 업무를 처리하는 동안 그 종원 자신은 보살 이상의 현현으로서, 자신의 가족을 비롯한 모든 사람과의 화합과 평화 속에서 규칙적인 명상 수행을 유지해야 한다.

17. 핵심 공동체와 법사(들)가 지원에 대한 결정을 내릴 때, 승가의 눈을 사용하기 위해 노력하고, 수계를 연기할 경우에, 지원자의 보리심(사랑의 마음)을 키우는 일에 유의한다. 지역 승가는 지역 문화, 지리, 상황에 합리적으로 대응하기 위해, 이 종헌의 신청 절차를 좀 더 유연하게 만들 권한을 가진다. 단, 접현종의 목표와 열망을 헛되이 하지 않는다는 조건을 지켜야 한다. 개인의 수계에 관해 종헌에 정해진 지원 규정들은 의료상의 어려움 등 특별한 상황 하의 개별 사례에서는 필요에 따라 면제할 수 있다. 이 경우 집행위원회의 조정자들과 가장 적합한 법사들은 ─ 그리고 시간이 허락한다면 지역 또는 가장 적합한 핵심 공동체 종원들과 ─ 사전에 상의해야 한다는 조건을 지켜야 한다. 후보자가 종단의 수계를 받을 준비가 되어 있는 것으로 판단되는 경우, 그 후보자의 이름은 핵심 공동체 총회가 지정한 인물에게 보고해야 한다. 수계식이 거행되고 난 다음에는 수계자의 이름, 법통명, 법명, 수계의 날짜와 장소, 그리고 주관 법사의 이름을 서면으로 종단 서기에게 통보해야 한다.

18. 핵심 공동체 종원은 연간 최소 60일간 마음챙김을 준수할 것으로 기대된다. 이런 60일의 요건은 가족이나 다른 책임 때문에 일부 회원에게 충족되기 어려운 경우가 있을

수 있다. 그런 경우 승가의 동의가 있으면 상기 요건은 유연하게 조정할 수 있다.

19. 핵심 공동체의 모든 종원은 지역 승가를 조직하여 함께 수행할 것으로 기대된다.

20. 모든 생활양식(진지한 관계에 있든 독신이든)은 그것이 5가지 마음챙김 수행법과 14가지 마음챙김 수행법의 정신과 일치하는 한, 핵심 공동체의 종원에게 동등하게 유효한 것으로 간주된다. 다음 경우는 두 파트너 관계를 지원하는 데 도움이 된다. 즉 핵심 공동체 종원의 파트너가 핵심 공동체 종원이거나 확장 공동체 종원인 경우, 아니면 적어도 그 핵심 공동체 종원이 자신의 파트너와 화합하며 생활하고 그 파트너는 핵심 공동체의 종원의 수행을 돕거나 격려하는 경우다.

제5조
리더십, 공동체 자산, 회계

21. 모든 핵심 공동체 종원이 참석하는 총회는 논의를 위해 정기적으로 소집해야 한다. 모임 날짜와 장소는 6개월 전에 모든 종원에게 통보해야 한다. 참석할 수 없는 종원은 자신을 대변할 대리인을 지명할 수 있다. 회의를 시작하면서 합의 과정은 제시, 검토, 개정해야 한다. 국적이 다른

여성 1명과 남성 1명으로 구성된 관리팀이 돌아가며 회의를 진행한다. 총회 개별 회의의 회의록은 접현종의 활동과 사업에 대한 지속적인 기록으로 보관한다. 그 기록은 요청 시 종원에게 제공한다.

22. 총회에서 핵심 공동체는 집행위원회의 종원을 선출하는데, 집행위원회는 총회들 사이에서 접현종의 사업을 조직하고 지도하고, 집행위원회 종원 중에서 집행위원회 간사를 승인한다. 총회는 고통을 줄이고 보살의 이상을 실현하며 강력한 승가 네트워크를 유지한다는 목표를 가장 잘 지원할 수 있도록 구체적인 구조와 조직을 구성할 것이다. 핵심 공동체는 원로들의 인생의 성숙도와 수행의 성숙도를 활용하고, 지원과 지지를 위해 젊은 회원들의 신선함을 활용할 것이고, 현 원로 위원회와 청년 위원회를 격려하면서 동시에 그들로부터 도움을 받을 것이다.

23. 세계 속의 승가와의 교류를 촉진하기 위해, 지역 승가들은 이 종헌의 정신에 부합하는 방식으로 조직하도록 권장된다.

24. 접현종 핵심 공동체의 종원이 되기 위해 회비를 납부할 필요는 없다. 단 회비는 집행위원회와 총회에서 종단 사업을 지원하기 위한 다나(dana, 보시·기부)로 제안할 수 있다. 기부금 및 회비를 포함한 모든 접현종 자금은 접현종

이름 하에 별도 기금으로 보관해야 한다. 회계 담당자가 작성한 상세 재무보고서는 매년 종원에게 제시해야 한다. 관리 비용이 충당된 후, 종단 기금은 지역 승가들이 종단 안거에 참여하기 위한 장학금을 종원들에게 제공하거나, 고통을 덜어주는 사업을 시행하는 데 사용할 수 있다.

25. 종단 소속의 한 공동체가 소유한 재산은 종단 소재의 국가 및 지방의 규정에 따라 보존해야 한다. 공동체 자산의 관리 책임자를 보호하기 위해, 은행 계좌, 현금, 부동산, 차량 등을 포함한 모든 자산은, 일반적인 회계 관행에 따라서 회계 처리해야 한다. 지역 승가가 국제 접현종을 위한 자금을 보유하고 있는 경우, 회계는 별도로 관리되며 상세 보고서가 매년 종단 회계 담당자(들)에게 송부되어야 한다.

제6조
종헌의 개정

26. 종헌의 정신이 수행의 역사를 통해 생생하게 유지될 수 있도록 본 종헌의 모든 단어와 모든 문장은 개정될 수 있다. 이전 버전은 저장되어서 나중 세대들이 참조할 수 있도록 해야 한다. 모든 버전은 미래의 참조를 위해 날짜를 명기해야 한다.

27. 14가지 마음챙김 수행법과 본 종헌은 핵심 공동체 종원
이 모인 각 총회에서 재검토해야 한다.

28. 6개조 29개 항목으로 구성된 본 종헌은, 현 사회와의 적
합성을 유지하기 위해 핵심 공동체 종원의 각 총회에서
개정되고 수정되어야 한다.

29. 승가의 전통에 따라 모든 변경은 단순 다수결이 아닌 합
의로 이루어져야 한다.

접현종 종단과 종원

접현종은 핵심 공동체와 확장 공동체로 구성된다. 핵심 공동체는 승가 앞에서 접현종의 14가지 마음챙김 수행법을 행한다는 공식 서약을 한 회원들로 구성된다. 확장 공동체는 종단의 정신에 따라 살려고 정진하고 있지만, 공식으로 서약하지 않은 사람들로 구성된다. 확장 공동체의 종원은 14가지 마음챙김 수행법의 봉독을 포함하여 모든 활동에서, 핵심 공동체 종원과 긴밀히 협력한다. 핵심 공동체의 종원이 되기 위해서는 개인은 한 명 이상의 멘토의 감독하에 1년 이상의 수습 과정을 거치면서 핵심 공동체 종원과 함께 수행해야 한다. 그 지원자는 14가지 마음챙김 수행법을 받는 의식 후, 적어도 1년에 60일 동안 마음챙김을 준수하기로 한다.

당신은 공동체를 돌볼 충분한 시간, 에너지, 관심이 있고, 당신이 승가의 지지를 받는다고 느낄 때만 공식 수계를 요청해야 한다. 그런 다음 다른 형제자매들과 협력하여 공동체를 세우는 일을 하게 될 것이다.

종원은 기둥, 영감의 원천이 되어야 한다. 종원의 갈색 상의는 겸손의 상징이다. 갈색은 대지의 색이고 베트남 농민들이 입는 옷의 색이다. 그래서 우리는 갈색 옷을 입을 때 겸손해야 한다. 갈색은 고요하지만 매우 강력한 내면의 힘도 나타낸다. 우리가 승려의 갈색 승복을 입든 재가 수행자가 갈색 상의를 입든, 우리는 겸손과 고요한 힘의 미덕을 나타내야 한다. 우리는 자신이 다른 사람보다 우월하다거나 더 큰 권위를 가졌다고 생각하지 않는다.

우리는 종원으로서 챙겨야 할 일이 많고, 모든 일을 수행의 정신으로 한다. 우리는 불법승을 우리 수행의 대상으로 보고, 이 삼보를 위해 일하면서 우리는 큰 기쁨을 얻는다. 우리는 정법을 수행하는 데서 오는 에너지와 활력이 필요하다. 나는 80대인데도 경전을 번역하고, 가르치고, 수행하고, 마음챙김 걷기를 하고, 전 세계 여러 나라에서 수행하는 사람들을 이끄는 일에서 기쁨을 느낀다. 에너지가 부족하다고 느끼는 것은 깊은 염원의 힘이 부족하기 때문이다. 우리는 남을 위해, 우리 선대(先代)와 사회를 위해 불법승의 일을 하는 데 아주 의욕적이어야 한다. 우리에게는 깊은 염원과 믿음에서 나오는 이상과 기운이 있다. 종원은 마음속에 자신들을 전진시키는 열기가 있어야 한다. 우리의 목표는 명성, 이익 또는 높은 지위를 얻는 것이 아니라, 스스로 큰 사랑을 길러서, 부처님, 조사 그리고 나 타이의 자격 있는 계승자가 되는 것이다.

우리가 전법의 등불을 받았거나 법사의 지망생이라면, 우리는 법담과 설법에서 불교 지식을 과시하기 위해 불교를 공부하는 것이 아니다. 우리는 진실로 수행하고 있는 것에 대해서만 말하고 지침을 줄 뿐이다. 우리가 걷기 명상을 가르친다면, 그것은 우리가 상당한 정도로 걷기 명상 수행을 성취했음을 의미한다. 그렇지 않다면 우리는 그것을 가르쳐서는 안 되고, 더 많은 시간을 들여서 수행해야 한다. 신교(身敎)라는 표현은, 우리의 신체적 존재로써, 삶으로써 가르친다는 것을 의미한다. 설법하기를 좋아하지 않는 사람들이 있다. 하지만 그들은 훌륭한 법사다. 마음챙김으로 행주좌와를 하기 때문이다. 그들은 또 평화, 기쁨, 열린 마음으로 다른 사람들과 관계하면서 화합하며 살아가는 방법을 알고 있기 때문이다. 그들의 설법은 생생한 설법이다. 그런 사람들은 비구, 비구니, 재가자와 관계없이 승가의 귀중한 보석이다.

학식은 아주 높아도 허세 부리지 않고 겸손하게 수행하는 완벽한 재가 수행자들이 많이 있다. 베트남 불교의 역사를 통틀어 많은 재가 법사가 있었는데, 이들은 그들을 자신들의 스승으로 여겼던 비구와 비구니의 존경과 찬사를 받았다. 한자-베트남어 사전의 저자인 떼우추(Thiều Chửu, 1902 - 1954)와 탄민러딘땀(Tâm Minh Lê Đình Thám, 1897 - 1969)은 수행이 매우 단단한 재가 법사의 사례이다. 그들은 법단에 올라가 비구와 비구니에게 경전을 가르칠 때 매우 겸손했다. 재가자 러딘땀(Lê Đình Thám)이 비구와 비구니를 가르치기 위해 법단에 오를 때마다 그는 항상 관례적인 재가자 법복을 입었고, 법단에 오르기 전에 비구와 비구니에게 절을 했다. 그가 자신이 가르친 것을 실천했기 때문에 출가승들은 그에게 큰 경의를 표했다.

원리상 출가자와 재가 수행자를 구분하는 장애물이나 장벽은 없다. 왜냐하면 우리 모두의 염원은 불교를 세상에 가져오고 이를 함께 수행하여 불교를 어떤 상황에서도 적용할 수 있는 하나의 현실로 만드는 것이기 때문이다. 세상에는 법사가 정말로 필요하다. 비구와 비구니들도 세상에 나가 가르치고 있지만, 출가자 법사들의 수는 그 수요를 충족시키기에 부족해서 더 많은 재가자 법사가 필요하다. 예를 들어 유럽에서는 거의 모든 국가에서 매년 안거를 갖고 싶어 하는데, 우리가 그 모든 요구를 충족시킨다면, 플럼빌리지 내에서 수행을 돌볼 사람이 한 사람도 남지 않을 것이다.

우리는 강력한 주거용 승가를 거점으로 가져야 한다. 프랑스의 플럼빌리지, 독일의 EIAB, 미국의 블루클리프(Blue Cliff), 디어파크 및 마그놀리아 그로브, 타일랜드의 플럼빌리지, 그리고 전 세계 다른 플럼빌리지 수행 센터가 그런 거점들

이다. 이 수행 센터들은 1년 내내 안정적인 사부대중 승가를●
자원으로서 가지고 있어야 한다. 한 번에 나가서 가르칠 수 있
는 출가자의 수는 제한되어 있다. 나머지 사람은 센터와 손님
을 돌보기 위해 센터에 남아 있어야 한다. 하지만 접현종의 재
가자 종원들은 사방 승가의 '긴 팔'로서 사회에 더 쉽게 접근해
서 가르침을 전하고 수행을 공유할 수 있다.

변화와 치유의 가르침을 세상에 가져온다는 필수적인 일
을 하기 위해, 우리는 수천 명의 재가자 접현종 종원이 필요하
다. 물론 그들이 불교학의 교수가 될 것이라고는 기대하지는
않는다. 그들은 수행을 조직하면서 수행의 모범이기도 하다.
그들은 응용 불교의 법문들을 마스터해야 하고, 좌선하면서
행복에 접해야 하고, 마음챙김 안에서 일보씩 전진하거나, 고
귀한 침묵을 수행해야 한다. 그들은 모든 종원이 행복하고 화
합하며 함께 수행하는 지역 승가를 조직할 수 있는 능력이 있
다. 승가는 지역 및 국가 수준에서 사람들에게 신뢰와 피난처
의 원천이 되기 위해서는 형제애와 자매애가 필요하다. 접현
종 종원으로서 가장 중요한 것은 권위 유무나 법사 여부가 아
니다. 가장 중요한 것은 당신이 사는 곳에서 승가를 건립하는
데 도움이 되는 방식으로 수행하는 것이다. 여기에서는 모두

● 비구, 비구니, 남녀 재가 신자로 이뤄진 승가이다.

가 함께 즐겁게 수행하는 곳이고, 모두가 상대를 자신의 형제자매로, 한 영적 가족의 구성원으로 바라보는 곳이다. 이런 지역 승가는 아무도 권위, 권력, 관심을 갈구하지 않으며, 어느 누구도 다른 사람보다 더 중요하지 않은 곳, 모두가 사랑의 말을 사용하는 방법과 서로의 말을 깊이 경청하는 방법을 아는 곳이다. 모든 나라, 모든 도시에서 우리는 그런 승가가 필요하다. 몇 개의 도시만 언급한다면 런던, 도쿄, 뉴욕, 멕시코 시티, 시드니, 가보로네(Gaborone),° 방콕이 그런 도시이다. 누가 이것을 할 것인가? 접현종 재가자 종원들이다. 비구와 비구니가 이 일을 도울 수도 있고 때로는 우리 모두 함께할 수도 있지만, 재가자 종원들이 이러한 승가를 설립하는 주된 책임자이다.

우리는 우리가 사는 곳에 승가, 마음챙김 허브 또는 수행 센터를 건설해야 한다. 성공하기 위해서는 협력할 수 있어야 하고, 자신의 견해를 내려놓을 수 있어야 하며, 다른 사람이 주는 정보에 열려있어야 한다. 또 특별한 인정, 지위, 권한이나 사적 이익을 위해 노력하지 않고, 우리 주변 사람들을 포용하고 사랑할 수 있는 능력이 있어야 한다. 이것은 비구, 비구니, 재가 수행자들이 이미 하는 일이며, 우리는 미래에는 더 잘할 수 있다. 우리가 이 사명에서 단합하고 서로 화합을 이루고, 우

°　아프리카 남부에 있는 보츠와나의 수도이다.

리에게 형제애, 자매애, 행복이 있다면, 승가 설립의 긍정적인 효과가 널리 확산될 것이며 나 타이도 이러한 유익한 효과를 느낄 것이다. 이러면 나 타이도 행복해진다.

접현종의 재가자가 행복하면, 출가자 승가와 화합해서 일하기가 아주 쉽다. 누구에게나 나름의 재능, 미덕 및 자질이 있는데, 승가는 이것들을 인정하고 각자의 기량에 적합하며 승가에 필요한 일을 하도록 모두를 초대할 것이다. 우리에게는 재가 법사, 재가 법사 지원자, 그리고 수행을 잘하고 있는 많은 재가 수행자가 있다. 그들은 관심을 끌려고 하지 않고 조용하고 사심 없이 일한다. 그들은 안거, 마음챙김의 날을 조직하고, 훌륭한 설법을 하고 수행 지침을 내린다. 이들은 승가에서 갈등을 일으키지 않는다. 오히려 그들은 많은 사람에게 행복을 가져다준다. 장차 접현종 종원들이 자신들의 수행, 열망, 행복을 강화하고 심화시키고, 부처님과 조사들이 그들에게 맡겨주신 책임을 완수할 수 있도록, 우리는 보다 더 긴 안거를 가질 수 있기를 바란다. 우리는 그 열망을 수용하고 실현하여 현실로 만들어야 한다.

만약 우리 지역 승가가 여전히 혼란 속에 있고, 종원들이 함께 행복하게 지낼 수 없다면, 그리고 서로를 충분히 사랑하지 않고 함께 일할 수 없다면, 우리는 아직 우리의 과업에 성공하지 못한 것이다. 접현종 종원으로서 이는 우리의 책임이다.

우리는 닥친 어려움에 대해 다른 사람을 비난할 수 없다. 그것은 우리의 수행이 아직 미완성이고, 충분히 안정되지도 겸손하지도 않으며, 조용한 내면적인 힘이 없기 때문임을 알아야 한다.

14가지 마음챙김 수행법을 받기 위한 지침

짠콤 스님, 플럼 빌리지, 2015

처음에 타이는 14가지 마음챙김 수행법을 받을 사람을 항상 개인적으로 선택했지만, 최근 수년 동안 지역 승가, 종원 및 법사가 14가지 수행법을 받을 사람을 선택한다. 그 절차는 국가별로 조금씩 다르지만, 대체로 해당 국가의 핵심 공동체, 멘토 (들), 지역 승가의 승인 없이는 수행법을 받을 수 없다. 특정 개인이 수행법을 받을 수 있는지의 여부는 지난 수년간의 멘토링에 달려 있다. 14가지 수행법을 받고자 하는 사람은, 2년 동안 5가지 마음챙김 수행법을 먼저 받아서 행하고 있어야 한다.[●] 그들은 수행법을 받는 지원자가 되기를 요청하는 편지를 타이에게 써서, 그것을 접현종 핵심 종원이 소속된 나라의 승가에 보내야 한다. 요청이 수락되면 그에게 한 명 이상의 멘토가 지정되고 멘토는 정규 모임에서 핵심 멤버와 14가지 수행법에 대해 안내해 준다. 수습 기간 동안 그들은 마음챙김의 날

●　　5가지 수행법은 종헌 개정안에 반영될 수 있는 업데이트이다.

에 참석하고 지역 및 특정 국가 승가에서 안거한다. 최소 1년의 멘토링 이후, 멘토가 준비되었다고 판단하면, 그들은 플럼빌리지 승가들 중 한 곳이 조직하는 행사에서, 또는 최소 4명의 법사들이 참가하는 안거에서 수행법을 받기를 신청할 수 있다. 일반적으로 이들 중 적어도 두 명은 출가자 법사여야 한다.

타이가 개인적으로 수행법을 전수하지는 않지만, 그는 전계사로 간주되며 4명의 법사들은 타이를 대변할 따름이다. 이것은 수계식에서 수계자에게 건네지는 마음챙김 수행법 수료증에 명시되어 있다. 수계 전에 지원자는 핵심 종원이 되고자 하는 소망을 설명하는 신청서를 작성해야 하는데, 여기에는 핵심 종원이 되고 싶다는 간절한 염원을 설명하는 지원자의 편지, 해당 지역 승가의 핵심 종원 전원의 추천서 그리고 멘토(들)의 지지 편지가 포함되어 있다. 이 신청서의 사본은 수계식을 인도할 출가자 법사와 자국의 해당 접현종 대표자에게 발송된다. 두 핵심 종원이 같은 법명을 사용하지 않도록, 모든 법명은 접현종 주임 비서관 — 현재 짠콤 스님이 맡고 있지만 — 에게서 오거나, 그분의 승인을 받아야 한다. 지원자에게 법명을 부여하기 전에, 짠콤 스님이나 그녀의 현 보조자인 딩님 스님은, 지원자의 성, 이름, 5가지 마음챙김 수행법을 받을 때의 법통의 이름, 지원서, 지역 승가의 이름과 국가, 지원자의 이메일 주소, 수계 장소와 날짜에 대한 정보를 얻어야 한다. 수계식을 인도하는 출가자 법사들이 짠콤 스님에게 알릴 수 있다면 가장 쉽다.

제4부 　수계식

Ceremonies

마음챙김 수행법의 봉독

14가지 마음챙김 수행법은 적어도 2주에 한 번 봉독한다. 일반적으로 핵심 공동체의 종원이 봉독을 이끌어나가도록 요청받는다. 그러나 확장 공동체의 종원들도 의식에 익숙하고 확고한 존재감을 갖고 있고 공동체의 존경을 받는다면, 그들도 공동체를 이끌도록 부탁받을 수 있다.●

　참가자는 서로 마주 보고 2열 이상으로 앉는다. 불단을 마주 보고 오른쪽 줄에서 불단과 가장 가까운 곳에 앉은 사람을 '인례사(引禮師, 의례의 장)'라고 부른다. 이 사람은 수계식을 주도하고 종을 울리고 승가갈마 절차를 알리는 일을 담당한다. 승가갈마 절차를 수행하기 위해 반대편에 앉은 두 사람을 선택하고, 수행법을 봉독하기 위해 한두 사람을 선택해야 한다. 봉독은 너무 느려도 너무 빨라도 안 된다. 적절한 속도가 공동

● 　출가 승려들이 참석할 경우, 승려들이 재가자들에게 특별히 부탁하지 않는 한 승려들이 의식을 주도한다.

체를 기쁘게 할 것이기 때문이다. 모든 사람이 봉독을 인도하는 사람을 볼 수 있어야 한다.

의식이 시작될 때, 분향할 권한이 있는 사람이 향을 올리면서 향 올리는 게송을 외운다. 나머지 참가자들은 서서 합장하고 의식하며 호흡을 따라간다. 분향 후에는 부처님, 보살, 조사들의 이름을 부른다. 각 이름을 부른 후 모두가 함께 절을 올린다. 그런 다음 공동체 종원이 앉는다. 모든 사람이 완전히 좌정하면 종을 울린 다음, 찬불가, 개경게(開經偈), 《반야바라밀다심경('우리를 피안으로 데려다주는 지혜')》 독경이 시작된다. 그 후 승가갈마 절차를 따른다. 이 절차에서는 공동체에 화합이 있다는 것, 전원 출석이라는 것, 그리고 오늘이 14가지 마음챙김 수행법을 봉독하기 위해 합의된 날이라는 것을 확인한다.[*]

의식의 맨 처음부터 모두 의식적인 호흡을 하며 마음챙김을 수행한다. 듣기, 봉독, 합장, 반배, 절하기, 좌정하기 또는 자세 바로잡기와 같은 각각의 몸의 움직임에 적절한 구절이 있어서 우리의 행동에서 더 깊이 마음챙김을 하는 데 도움이 된다.[**]

[*] 이 구절에 대해서는 틱낫한의 *Chanting from the Heart*, Parallax, 2007 참조.

[**] 이 구절에 대해서는 틱낫한의 *Present Moment, Wonderful Moment: Mindfulness Verses for Daily Living*, Parallax, 2002 참조.

봉독하는 동안 공동체의 각 종원은, 마음챙김 수행법을 받고 그 내용을 숙고하기 위해 낭송하는 마음챙김 수행법에 충분한 주의를 기울인다. 이렇게 수행법에 집중함으로써 마음을 산란시키는 생각에서 해방시킨다. 그것을 낭송하는 사람은 수행법의 정신을 전달하기 위해 분명한 목소리로 해야 한다. 공동체의 성공적인 집중은 낭송의 질에 달려 있다.

수행법을 낭송하기 전에 낭송자는 "형제자매 여러분, 준비가 되셨습니까?"라고 묻는다. 그러면 한 사람 한 사람이 조용히 대답한다. "준비가 되어 있습니다." 각 수행법을 봉독한 후, 낭송자는 숨을 들이쉬고 이렇게 묻는다. "이것은 접현종의 (제1의) 마음챙김 수행법입니다. 지난 2주 동안 그것을 공부하고, 행하고, 지켰습니까?" 그런 다음 세 번 호흡하는 동안 잠시 멈춘다. 이 일시 멈춤을 통해 누구든 수행법의 핵심과 내용을 깊이 생각할 수 있다. 질문에 대한 대답은 예와 아니오 사이 어딘가에 있다. 마음챙김을 수행하고 수행법을 따르는 모든 사람은 "예"라고 말할 자격이 있다. "아니오"라고 하면 이는 잘못이다. 그러나 "예"라고 대답해도 지난 2주 동안의 정진이 불충분했을 수 있기 때문에 100퍼센트가 아닐 수 있다. 따라서 우리의 대답은 "예, 하지만 더 열심히 정진할 수 있었을 겁니다"와 같은 것이 될 수도 있다. 침묵 속에서 세 차례 호흡하는 동안 질문이 우리의 심정과 마음에 깊이 침투해서 우리 속에서 작용할 시간을 주어야 한다. 질문이 우리 속 깊이 침투하도록 허용하면서 우리는 주의 깊게 호흡을 따라갈 수 있다. 인례사는 마음챙김 호흡을 세 번 한 다음 종을 울린다. 종이 울리면 전체 공동체가 합장하고 낭송자는 다음 마음챙김 수행법으로 넘어간다. 이 호흡 시간 동안 의식의 텍스트를 가지고 있는 사람은, 종이 울릴 때까지 페이지를 만지작거리거나 넘기는 것을 삼가야 한다. 이런 식으로 수행하면 고요한 분위기가 생긴다.

14가지 마음챙김 수행법 봉독

좌선

향 올리기

절하기

예경문 첫 구절

Namo Tassa Bhagavato Arahato Samma Sambuddhassa
(세 번 반복)

그분 세존께 아라한께 바르게 깨달으신 분께 (귀의합니다)°

°   원서에는 이 팔리어 기도문에 대한 영어 번역은 없다. 역자의 번역
이다.

[종소리]

불법은 깊고 사랑스러워
우리는 이제 보고
공부하고 수행할 기회를 가졌습니다.
우리는 그 진정한 의미를 깨닫기를 서원합니다.

[종소리]

《반야심경》 (우리를 피안으로 건네주는 지혜) °

관세음보살이 피안으로
건너기 위한 지혜를 깊이 행할 때
오온(五蘊)이 모두 공(空)임을
홀연히 발견하고, 이 깨달음으로
모든 괴로움을 극복하였느니라. [종소리]

° 《최상의 행복에 이르는 지혜》(틱낫한 저, 선업 감수, 손명희 옮김, 싱긋, 2020)
에 나오는 한글역을 참조했다.

사리불이여, 이 몸 자체가 비어 있음[空]이요,

비어 있음이 곧 이 몸이니라.

이 몸은 비어 있음과 다르지 않고

비어 있음은 이 몸과 다르지 않느니라

느낌[受]도, 인식[想]도

마음의 형성 작용[行], 의식[識]도 이와 같으니라. [종소리]

사리불이여, 모든 현상[法]은 비어 있음의 표식을 지니나니

그 참된 본성은 생(生)도 사(死)도 없네.

존재도 없고 비존재도 없네.

더러움도 없고 깨끗함도 없나니

늘어남도 없고 줄어듬도 없는 본성이니라.

이런 까닭에 비어 있음 중에는 몸, 감각, 인식도

마음의 형성 작용도, 의식도

별개의 실체는 아니네.

현상의 열여덟 가지 영역인 십팔계(十八界),

즉 여섯 가지 감각기관인 육근(六根)과

6종의 감각 대상인 육경(六境)과

여섯 가지 의식인 육식(六識) 또한

별개의 실체는 아니네.

12연기의 일어남도
그 소멸됨 또한 별개의 실체는 아니네.

괴로움도 없고, 괴로움의 원인도, 괴로움의 멸함도 없고,
괴로움을 멸하는 길도 없고, 지혜도 성취도
별개의 실체는 아니더라.
이를 깨달은 자는 따로 성취할 것도 없네. [종소리]

피안으로 우리를 데려다주는 지혜를 행하는
보살의 마음에는
아무 걸림이 없네.
마음에 아무 걸림이 없으매
그들은 공포를 극복하고, 일체의 전도몽상을 떠나
완벽한 열반을 실현할 수 있느니라. [종소리]

과거세와 현재세와 미래세의 모든 부처가
피안으로 건네주는 반야바라밀다를 수행해서
완벽한 깨달음을 얻을 수가 있네.

그러니 사리불이여, 피안으로 건네주는 지혜는
위대한 진언이고, 가장 밝은 진언이요,

최고의 진언이고 견줄 바 없는 진언이요,

괴로움을 끊을 수 있는 참된 지혜네.

그러니 피안으로 이르는 지혜를 선언하는

진언을 다음과 같이 이르노라.

아제 아제 바라아제 바라승아제 사바하 (3번 반복)

(갔네. 갔네. 완전히 건너가서 한없는 깨달음을 이루었네.)°

[종소리 두 번]

° *Interbeing*에는 이 마지막 구절에 해당하는 영역은 없다. 여기서는 《최상의 행복에 이르는 지혜》(손명희 역)를 따르면서도 '모두'를 '완전히'로 바꾸었다. 손명희의 번역은 *The Other Shore*의 틱낫한의 영역을 따랐다.(p.40) 그런데 틱낫한은 gate를 'gone'으로 번역했다.(*The Other Shore*, p. 116.) 하지만 gate는 gati의 호격으로 번역할 수도 있다. 그러면 "길이여, 길이여, 피안에 이르는 길이여"가 된다.《解說 般若心經》(다쿠보 수요·田久保周譽, 株式會社 平河出版社, 1983), p. 58. 역자는 후자가 더 좋지만 여기서는 틱낫한의 번역을 따른다.

승가갈마 회의 절차

승가갈마사°: 접현종 공동체가 모두 모였습니까?

승가갈마 소집자: 예, 모두 모였습니다.

승가갈마사: 공동체가 화합을 이루며 지내고 있습니까?

승가갈마 소집자: 예, 화합을 이루며 지냅니다.

승가갈마사: 이 자리에 함께하지 못한 누군가를 대신하여 온 사람이 있습니까? 그리고 그 사람은 마음챙김 수행법을 공부하고 행하기 위해 최선을 다했다고 선언했나요?

승가갈마 소집자: 아니요, 대신하여 온 사람은 없습니다.

또는

승가갈마 소집자: 네, [○○○] 님은 건강상의 이유로 오늘 봉독에 참석할 수 없습니다. 그들은 [△△△]가 자신들을 대표하도록 요청했으며, 마음챙김 수행법을 공부하고 행하기 위해 최

○ 전계대화상 또는 전계사에 해당하는 듯하다.

선을 다했음을 선언했습니다.

승가갈마사: 오늘 우리가 모인 이유는 무엇입니까?

승가갈마 소집자: 우리는 접현종의 14가지 마음챙김 수행법을 봉독하기 위해 모였습니다.

승가갈마사: 접현종의 거룩한 공동체여, 들어주십시오. 오늘 [○월 ○일]은 접현종의 14가지 마음챙김 수행법을 봉독하는 날로 지정되었습니다. 공동체는 지정된 시간에 모였고 화합의 분위기에서 마음챙김 수행법을 듣고 봉독할 준비가 되어 있습니다. 이제 봉독을 진행할 수 있습니다. 제 말이 분명하고 완전한가요?

모두: 네, 그렇습니다.

　[종소리]

14가지 마음챙김 수행법 봉독

친애하는 승가여, 우리는 이제 접현종의 14가지 마음챙김 수행법의 봉독을 즐기려고 합니다. 14가지 마음챙김 수행법은 본 종의 요체입니다. 그것들은 우리의 길을 밝히는 횃불이고, 우리를 실어 나르는 배이며, 우리를 인도하는 스승입니다. 그것들은 우리로 하여금 존재하는 만사 안에 있는 상호존재(interbeing)의 본질을 접하게 하고, 우리의 행복이 다른 사람들의 행복과 분리되어 있지 않음을 볼 수 있게 해줍니다. 상호존재는 이론이 아니라, 일상의 매 순간 우리 각자가 직접 경험할 수 있는 현실입니다. 14가지 마음챙김 수행법은 집중과 통찰을 기르도록 도와주며, 집중과 통찰은 공포와 분리된 자아라는 환상에서 우리를 해방합니다. 고요한 마음으로 마음챙김 수행법을 하나하나 들어주세요. 마음챙김 수행법은 우리 자신을 볼 수 있는 맑은 거울입니다. 낭송되는 마음챙김 수행법을 공부하고 행하고 지키려고 정진했다면 침묵으로써 "예"라고 말하세요.

아래가 접현종의 마음챙김 수행법입니다.

제1의 마음챙김 수행법

마음의 개방

우리는 광신주의와 불관용이 만드는 고통을 깨달아, 어떠한 교리, 이론, 이데올로기, 심지어 불교의 것까지도 우상 숭배하지 않고 그것들에 얽매이지 않기로 결심합니다. 우리는 불교의 가르침을, 사물을 깊이 들여다보아서 이해와 자비 기르기를 배우는 데 도움이 되는 지침으로 간주할 것을 약속합니다. 불교는 그 자체를 위해 싸우거나 죽이거나 생명을 바치는 교리가 아닙니다. 우리는 수많은 유형의 광신주의가 사물을 이원적으로 차별적으로 인식한 결과임을 이해합니다. 우리는 우리 자신과 세계 안에 있는 독단주의와 폭력을 바꾸기 위해, 만사를 개방과 상호존재(interbeing)의 통찰로써 볼 수 있도록 우리 자신을 수련할 것입니다.

▼

이것은 접현종 제1의 마음챙김 수행법입니다. 지난 2주 동안 우리는 그것을 공부하고 행하고 지켰습니까? (3회 호흡)

[종소리]

제2의 마음챙김 수행법

견해에 대한 무집착

우리는 견해에 대한 집착과 그릇된 인식이 만든 고통을 깨달아, 편협한 마음과 현재의 견해에 얽매이지 않기로 결심합니다. 우리는 집단적 지혜로부터 수혜를 받기 위해, 견해에 집착하지 않기를 배우고 행하며, 다른 사람의 통찰력과 경험에 열린 마음을 가질 것을 약속합니다. 우리는 현재 우리가 가지고 있는 지식이 불변의 절대적인 진리가 아님을 깨닫고 있습니다. 통찰은 자비로운 경청, 깊이 보기, 관념 내려놓기의 수행을 통해 얻어지는 것이지 이지적인 지식의 축적을 통해서가 아닙니다. 진리는 삶에서 발견되므로 우리는 매 순간 우리 내부와 주변의 삶을 관찰할 것이고, 우리는 평생 배울 준비가 되어 있습니다.

▼

이것은 접현종 제2의 마음챙김 수행법입니다. 지난 2주 동안 우리는 이것을 공부하고 행하고 지켰습니까? (3회 호흡)

[종소리]

제3의 마음챙김 수행법

사상의 자유

우리가 다른 사람에게 우리의 견해를 강요할 때 초래되는 고통을 깨달아, 권위, 위협, 금전, 선전, 세뇌 등 어떤 수단으로도 다른 사람에게, 심지어 우리의 자녀에게도 우리의 견해를 수용하라고 강요하지 않기로 결심합니다. 우리는 다른 사람이 다를 권리, 무엇을 믿고 어떻게 결정할 것인지를 선택할 권리를 존중하기로 약속합니다. 그러나 우리는 사랑의 말과 자비로운 대화를 통해, 다른 사람들이 광신주의와 편협함을 버리고 그것들을 바꾸도록 돕는 법을 배울 것입니다.

▼

이것은 접현종 제3의 마음챙김 수행법입니다. 지난 2주 동안 우리는 이것을 공부하고 행하고 지켰습니까? (3회 호흡)

[종소리]

제4의 마음챙김 수행법

고통의 자각

우리는 고통의 본질을 깊이 들여다보는 것이 이해와 자비심을 기르는 데 도움이 된다는 것을 깨달아, 마음챙김의 에너지로써 자기 자신으로 돌아가 고통을 알아차리고, 포용하고, 그 고통에 귀 기울일 것을 결심합니다. 우리는 가능한 한 노력을 기울여서, 고통에서 도망가지도 않고 소비 행위로 고통을 덮지 않도록 하고, 의식적인 호흡과 걷기를 수행하여 고통의 근원을 깊이 들여다볼 것입니다. 우리는 고통의 근원을 깊이 이해할 때 비로소 고통을 변화시키는 길을 깨달을 수 있음을 알고 있습니다. 우리 자신의 고통을 먼저 이해해야만 타인의 고통을 이해할 수 있게 됩니다. 우리는 고통받은 사람들과 함께할 수 있도록 개인적인 접촉이나 전화, 전자적·시청각 수단 및 기타 방법을 찾기를 약속합니다. 그러면 우리는 그들의 고통을 자비, 평화, 기쁨으로 바꾸는 데 도움이 될 수 있습니다.

▼

이것이 접현종 제4의 마음챙김 수행법입니다. 지난 2주 동안 이것을 공부하고 행하고 지켰습니까? (3회 호흡)

　[종소리]

자비롭고 건강한 생활

우리는 진정한 행복이 평화, 단단함, 자유, 자비에 뿌리를 두고 있음을 알고, 수백만 명이 굶주리고 죽어가는 동안 부를 축적하지 않겠다고, 그리고 명예, 권력, 부 또는 감각적 쾌락을 인생의 목표로 삼지 않겠다고 결심합니다. 이런 것들은 많은 고통과 절망을 가져오기 때문입니다. 우리는 먹을 수 있는 음식, 감각, 의지, 의식으로써 우리가 몸과 마음을 어떻게 육성하는지 깊이 들여다보는 수행을 할 것입니다. 우리는 특정 웹사이트, 전자 게임, 음악, TV 프로그램, 영화, 잡지, 서적 및 대화와 같이 우리 자신의 몸과 의식에 그리고 집단적인 몸과 의식에 독소를 가져오는 알코올, 약물 또는 기타 제품을 사용하거나 도박하지 않을 것을 약속합니다. 우리는 우리 자신의 몸과 의식, 그리고 가족·사회·지구라는 집단적인 몸과 의식에서 자비, 안녕, 기쁨을 보존하는 방식으로 소비할 것입니다.

▼

이것은 접현종 제5의 마음챙김 수행법입니다. 지난 2주 동안 이것을 공부하고 행하고 지켰습니까? (3회 호흡)

[종소리]

제6의 마음챙김 수행법

화 돌보기

우리는 화가 소통을 막고 고통을 일으킨다는 사실을 깨달아, 화가 일어나면 화의 에너지를 돌보고 의식 깊숙이 자리하고 있는 화의 씨앗을 인지하고, 그 씨앗을 변화시키기로 약속합니다. 화가 일어나면 우리는 일체의 언동을 금하고, 마음챙김 호흡이나 걷기를 하여 우리의 화를 인정하고 안아주며 깊이 들여다보기로 결심합니다. 우리는 화의 근원이 우리 밖에 있는 것이 아니라 우리의 잘못된 인식과 자신의 고통과 타인의 고통에 대한 이해 부족에 있음을 압니다. 우리는 무상을 묵상함으로써, 자비의 눈으로써 우리 자신과 화의 원인이라고 생각하는 사람들을 보면서, 상호관계의 소중함을 인정할 것입니다. 우리는 바른 정진[正精進]을 수행하여, 이해, 사랑, 기쁨, 포용의 능력을 키우고, 화, 폭력, 두려움을 점진적으로 변화시키고 다른 사람도 그렇게 하도록 도울 것입니다.

▼

이것이 접현종 제6의 마음챙김 수행법입니다. 지난 2주 동안 이것을 공부하고 행하고 지켰습니까? (3회 호흡)

[종소리]

제7의 마음챙김 수행법
지금 이 순간에 행복하게 머물기

우리는 인생이란 지금 이 순간에만 주어진다는 것을 깨달아, 일상의 매 순간을 깊이 살아갈 수 있도록 수련하기를 약속합니다. 우리는 과거에 대한 후회, 미래에 대한 걱정, 현재의 갈망, 분노, 질투로 산란하게 되거나 휩쓸려가지 않도록 노력할 것입니다. 지금 여기에서 무슨 일이 일어나고 있는지 알아차리기 위해 마음챙김 호흡을 할 것입니다. 우리는 우리 내부와 주변에 그리고 모든 상황에 존재하는 경이롭고 신선하며 치유적인 요소들을 접하면서 마음챙김의 생활 기술을 배우기로 결심합니다. 이렇게 하면 우리는 기쁨, 평화, 사랑, 이해의 씨앗을 우리 안에서 가꿀 수 있고, 이어서 우리 의식에서의 변화와 치유를 촉진할 수 있습니다. 우리는 진정한 행복이 외적 조건이 아니라 주로 우리의 정신 태도에 달려 있음을 알고 있으며, 우리는 이미 행복할 수 있는 충분한 조건을 가지고 있다는 사실을 상기하는 것만으로 지금 이 순간에 행복하게 살 수 있다는 것을 알고 있습니다.

▼

이것이 접현종 제7의 마음챙김 수행법입니다. 지난 2주 동안 이것을 공부하고 행하고 지켰습니까? (3회 호흡)

[종소리]

제8의 마음챙김 수행법

진정한 공동체와 소통

우리는 부족한 소통이 항상 분열과 고통을 가져온다는 것을 깨달아, 자비로운 경청과 사랑의 말을 행하며 스스로를 수련하겠다고 약속합니다. 진정한 공동체는 포용성에 뿌리를 두고 있고, 견해·생각·말의 조화를 구체적으로 수행하는 데 뿌리를 두고 있음을 알고 있으므로, 집단적 통찰에 도달하기 위해 우리의 이해와 경험을 공동체 종원들과 공유할 것을 실천합니다. 우리는 비판이나 반대 없이 깊이 경청하는 법을 배우기로, 그리고 불화를 일으키거나 공동체를 쪼개는 말을 하지 않기로 결심합니다. 곤란한 일이 생길 때마다 우리는 승가에 머물면서 우리 자신과 타인을 깊이 들여다보고, 우리 자신의 습관 에너지를 포함하여, 곤란을 초래한 모든 원인과 조건을 확인하는 수행을 할 것입니다. 우리는 우리가 갈등을 일으켰을 수도 있는 모든 방식에 대해 책임지고, 소통을 계속할 것입니다. 우리는 피해자처럼 행동

하지 말고, 아무리 작은 충돌도 조정하고 해결하는 방법을 찾는 데 적극적으로 행동할 것입니다.

▼

이것은 접현종 제8의 마음챙김 수행법입니다. 지난 2주 동안 이것을 공부하고 행하고 지켰습니까? (3회 호흡)

[종소리]

제9의 마음챙김 수행법
진실하고 사랑스럽게 말하기

우리는 말이 행복이나 고통을 일으킬 수 있음을 깨달아, 진실하고 사랑스럽고 건설적으로 말하는 법을 배우겠다고 약속합니다. 우리는 기쁨, 자신감, 희망을 불러일으키고, 우리 자신과 다른 사람들 사이의 화해와 평화를 고무하는 언어만을 사용할 것입니다. 우리는 자신과 다른 사람들이 고통을 변화시키고 어려운 상황에서 벗어날 길을 찾는 데 도움이 되도록 말하고 경청할 것입니다. 우리는 사익이나 남에게 좋은 인상을 남기기 위해 거짓말을 하거나, 분열이나 증오를 낳는 말을 하지 않겠다고 결심합니다. 우리는 당사자가 없을 때 그의 허물에 대해 말하지 않고, 우리의 인식이 올바른지 항상 자문함으로써 우리 승가의 행복과 화합을 지킬 것입니다. 우리는 상황을 이해하고 바꾸는 데 도움을 주려는 의도만을 가지고 말할 것입니다. 우리는 확신이 없는 것에 대해 소문을 퍼뜨리거나 비판하거나 비난하지 않습니다. 우리는 부당한 상황에 대해 설령 거리낌 없이 말하는 것이 우리를 어려운 상황에 처하게 하더라도, 신변의 안전에 위협이 되더라도, 소리 높여 이야기하도록 최선을 다하겠습니다.

▼

이것은 접현종 제9의 마음챙김 수행법입니다. 지난 2주 동안 이것을 공부하고 행하고 지켰습니까? (3회 호흡)

[종소리]

제10의 마음챙김 수행법
승가를 보호하고 육성하기

우리는 승가의 본질과 목적이 이해와 자비의 실천임을 깨달아, 불교 공동체를 개인적인 권력이나 사익을 위해 이용하지도 않고, 정치적 도구로 변질시키지도 않겠다고 결심합니다. 하지만 우리는 영적 공동체의 일원으로서 억압과 부정의에 대해 명백히 반대의 입장을 취할 것입니다. 우리는 갈등에서 어느 한쪽에 가담하지 않고 상황을 개선하기 위해 노력해야 합니다. 우리는 상호존재(interbeing)의 눈으로 보도록 배우기를, 자기 자신과 다른 사람을 승가라는 하나의 몸 안에 있는 세포로 보기를 약속합니다. 우리 각자는 승가라는 몸의 진실한 세포의 하나로서, 마음챙김, 집중, 통찰을 낳아서 자신과 공동체 전체를 양육합니다. 우리 각자는 동시에 부처님 몸 안에 있는 하나의 세포이기도 합니다. 우리는 적극적으로 형제애·자매애를 쌓고 강물처럼 흐르면서, 세 개의 진실한 힘 — 이해, 사랑, 번뇌의 지멸 — 을 기르도록 수행해서 집단적인 각성을 실현하겠습니다.

▼

이것은 접현종 제10의 마음챙김 수행법입니다. 지난 2주 동안 이것을 공부하고 행하고 지켰습니까? (3회 호흡)

[종소리]

제11의 마음챙김 수행법

바른 생업[正命]

우리는 우리의 환경과 사회에 엄청난 폭력과 부정의를 가해왔음을 깨달아, 인간과 자연을 해치는 직업을 갖지 않기로 약속합니다. 우리는 지구상의 모든 종의 안녕에 기여하는 생업, 그리고 이해와 자비라는 우리의 이상을 실현하는 데 도움이 되는 생업을 선택하기 위해 최선을 다할 것입니다. 전 세계의 경제적, 정치적, 사회적 현실 그리고 우리 자신과 생태계와의 상호 관계성을 인식하고, 우리는 소비자로서 그리고 시민으로서 책임감 있게 행동하기로 합니다. 우리는 천연자원의 고갈을 초래하거나 지구를 해치거나 다른 사람으로부터 삶의 기회를 박탈하는 기업에 투자하지도 그 제품을 구매하지도 않겠습니다.

▼

이것은 접현종 제11의 마음챙김 수행법입니다. 지난 2주 동안 이것을 공부하고 행하고 지켰습니까? (3회 호흡)

[종소리]

제12의 마음챙김 수행법

생명 존중

우리는 전쟁과 분쟁으로 큰 고통이 일어난다는 것을 깨달아, 일상생활에서 비폭력, 자비, 그리고 상호존재의 통찰을 기르기로 결심하고, 가족들, 공동체들, 인종과 종교 집단, 국가들 사이에서 그리고 세계에서, 평화 교육, 마음챙김에 의한 조정과 화해를 촉진하기로 결심합니다. 우리는 죽이지 않고 다른 사람도 죽이지 않도록 할 것을 약속합니다. 우리는 세계 안에서, 우리의 생각이나 생활 방식에 있어서 어떠한 살생도 지지하지 않습니다. 우리는 생명을 지키고 전쟁을 막고 평화를 구축하기 위한 더 나은 방법을 찾기 위해, 승가와 함께 깊이 보기를 열심히 실천할 것입니다.

▼

이것은 접현종 제12의 마음챙김 수행법입니다. 지난 2주 동안 이것을 공부하고 행하고 지켰습니까? (3회 호흡)

[종소리]

195

제13의 마음챙김 수행법

관대함 기르기

우리는 착취, 사회적 부정의, 도둑질, 억압이 일으키는 고통을 깨달아, 생각하고 말하고 행동하는 방식에서 관대함을 기르기를 약속합니다. 우리는 사람, 동물, 식물, 광물의 행복을 위해 일하고, 어려운 사람들에게 시간, 에너지, 물자를 나눔으로써 자애심을 실천합니다. 우리는 남의 것을 훔치거나 소유하지 않겠다고 결심합니다. 다른 사람의 재산을 존중하지만, 사람들이 타인의 고통이나 다른 생명의 고통으로부터 이익을 얻지 못하도록 노력하겠습니다.

▼

이것은 접현종 제13의 마음챙김 수행법입니다. 지난 2주 동안 이것을 공부하고 행하고 지켰습니까? (3회 호흡)

[종소리]

제14의 마음챙김 수행법

진정한 사랑

일반 재가자들을 위해: 우리는 성욕이 사랑이 아니며, 갈망에 의한 성적 관계는 외로움을 해소할 수 없고 더 많은 고통, 좌절감, 고립을 초래한다는 사실을 깨달아, 상호 이해와 사랑, 그리고 우리 가족과 친구들에게 알려진 깊고도 장기적인 약속 없이는 성적 관계를 갖지 않을 것을 결심합니다. 마음과 몸이 분리되어 있지 않다는 것을 알아서, 우리는 성 에너지를 돌보는 적절한 방법을 배우고, 우리 자신의 행복과 다른 사람의 행복을 위해 자애, 자비, 기쁨, 포용성을 기르기 위한 적절한 방법을 배우기로 약속합니다. 우리는 성적 관계로 인해 발생할 수 있는 미래의 고통을 알고 있어야 합니다. 우리는 자기 자신과 타인의 행복을 유지하기 위해 자기 자신의 권리와 약속 그리고 타인의 권리와 약속을 모두 존중해야 한다는 것을 알고 있습니다. 우리는 아동을 성적 학대로부터 보호하고, 연인과 가족이 성적 부정행위로 인해 깨지지 않도록 보호하는 데 우리가 할 수 있는 최선을 다하겠습니다. 우리는 자비심과 존경심을 가지고 우리 몸을 대할 것입니다. 우리는 보살의 이상을 실현하기 위해 네 가지 영양소[사식四食]를 깊이 들여다보고 생명 에너지(성, 호흡, 정신)를 보존하고 전달하는 방법을 배우기로 결심합니다. 우리는 새로운 생명을 세상에 가져오는 책임을 충분히 깨달아, 그들의 미래 환경에 대해 정기적으로 숙고합니다.°

▽

출가자를 위해: 우리는 비구와 비구니의 깊은 염원이 성적 사랑의 속박에서 완전히 벗어나야만 실현될 수 있음을 깨달아, 순결을 실천하며, 타인이 그 자신을 지키는 것을 도와주기로 약속합니다. 고독과 괴로움은 성적 관계가 아니라 자애, 자비, 기쁨, 관대함을 실천함으로써 경감될 수 있음을 우리는 깨닫고 있습니다. 우리는 성적 관계가 출가 생활을 파괴하고 중생을 섬긴다는 이상의 실현을 막고 다른 생명을 해칠 것임을 알고 있습니다. 우리는 성적 에너지를 관리하는 적절한 방법을 배울 것입니다. 우리는 우리의 몸을 억압하거나 학대하지 않기로, 우리의 몸을 도구로만 보지 않기로 결심하고, 자비심과 존경을 가지고 우리 몸을 대하는 방법을 배울 것입니다. 우리는 보살의 이상을 실현하도록 우리의 생명 에너지(성, 호흡, 정신)를 보존하고

○   해당 항목은 2022년 개정되었다. 개정 내용은 이 책 124쪽에서 각주로 표시하였다.

전달하기 위해 네 가지 영양소(四食)를 깊이 들여다볼 것입니다.

▼

이것은 접현종 제14의 마음챙김 수행법입니다. 지난 2주 동안 이것을 공부하고 행하고 지켰습니까? (3회 호흡)

　[종소리]

결어

형제자매들이여, 우리가 바라던 대로 우리 접현종의 14가지 마음챙김 수행법을 봉독했습니다. 우리가 그것을 차분하게 할 수 있도록 도와주신 모든 형제자매에게 감사드립니다.

　[종소리]

회향

수행법을 봉독하고 알아차림의 길을 닦는 것은

한량없는 공덕을 낳습니다.

우리는 그 열매를 모든 존재와 회향하기를 서원합니다.

우리는 그 길을 따라 지도하고 지원하는

부모, 스승, 친구와 수많은 존재에게

경의를 표할 것을 서원합니다.

[종소리 3회]

5가지 마음챙김 수행법 봉독

향 올리기

절하기

개경게(開經偈)

《반야심경》봉독

승가갈마 회의 절차

승가갈마사: 접현종 공동체가 모두 모였습니까?

승가갈마 소집자: 예, 모두 모였습니다.

승가갈마사: 공동체가 화합을 이루며 지내고 있습니까?

승가갈마 소집자: 예, 화합을 이루며 지내고 있습니다.

승가갈마사: 이 자리에 함께하지 못한 누군가를 대신하여 온 사람이 있습니까? 5가지 마음챙김 수행법을 공부하고 행하기 위해 최선을 다했다고 선언했나요?

승가갈마 소집자: 아니요, 대신하여 온 사람은 없습니다.

또는

승가갈마 소집자: 네, [○○○] 님은 건강상의 이유로 오늘 봉독에 참석할 수 없습니다. 그들은 [△△△]에게 대리 출석을 요청했고, 그들은 마음챙김 수행법을 공부하고 행하기 위해 최선을 다했음을 선언합니다.

승가갈마사: 오늘 우리가 모인 이유는 무엇입니까?

승가갈마 소집자: 우리는 5가지 마음챙김 수행법을 봉독하기 위해 모였습니다.

승가갈마사: 접현종의 고귀한 공동체여, 들어주십시오. 오늘

[○월○일] 접현종 마음챙김 수행법을 봉독하는 날로 지정되었습니다. 우리는 지정된 시간에 모였고 우리 고상한 모임은 화합의 분위기에서 마음챙김 수행법을 듣고 봉독할 준비가 되어 있습니다. 따라서 봉독이 진행할 수 있습니다. 제 말이 분명하고 완전한가요?

모두: 네, 그렇습니다.

　　[종소리]

도입문

친애하는 승가여, 바로 이 순간 우리는 함께 5가지 마음챙김 수행법의 봉독을 즐기고 있습니다. 5가지 마음챙김 수행법은 지구적 영성과 윤리에 대한 불교적인 비전을 나타냅니다. 그것들은 사성제와 팔정도에 대한 부처님의 가르침의 구체적인 표현이며, 바른 이해와 진정한 사랑의 길인데, 이 길은 우리 자신과 세계를 위한 치유, 변화, 행복으로 나갑니다. 5가지 마음챙김 수행법을 행하는 것은 상호존재의 통찰이라는 바른 견해를 기르는 것이고, 이는 일체의 차별, 편협함, 분노, 두려움, 절망을 없애줍니다. 5가지 마음챙김 수행법에 따라 산다면 우리는 이미 보살의 길에 들어선 것입니다. 우리는 이 길을 걷고 있음을 알고 있으므로, 현재의 삶에 대한 혼란에 그리고 미래에 대한 두려움에 빠지지 않을 것입니다.

고요한 마음으로 마음챙김 수행법 하나하나를 경청하십시오. 낭송된 마음챙김 수행법을 공부하고, 행하고 지키기 위해 정진했던 것을 자각할 때마다, 마음챙김 호흡을 하면서 침묵 속에 "예"라고 대답하십시오.

5가지 마음챙김 수행법

제1 마음챙김 수행법
생명 존중°

나는 생명의 파괴로 일어난 고통을 깨달아, 상호존재의 통

° 14가지 마음챙김 중 제12의 마음챙김 수행법과 제목은 같지만 내용은 약간 다르다.

찰과 자비를 기르기를, 그리고 사람, 동물, 식물, 광물의 생명을 보호하는 방법을 배우기로 약속합니다. 나는 죽이지 않고, 다른 사람도 죽이지 못하도록 하겠다고, 세계 안에 그리고 나의 사고방식이나 나의 생활 방식에 있어서 어떠한 살생도 지지하지 않겠다고 결심합니다. 해로운 행위가 분노, 두려움, 탐욕, 불관용에서 일어나고, 불관용은 이분법적, 차별적 사고에서 비롯된다는 사실을 인식하고서, 나는 내 자신과 세상에 있는 폭력, 광신주의, 독단주의를 바꾸기 위해, 개방성, 무차별, 견해에 대한 무집착을 기릅니다.

▼

이것은 5가지 마음챙김 수행법 중 첫 번째입니다. 지난 2주 동안 이것을 공부하고 행하고 지켰습니까? (3회 호흡)

[종소리]

제2의 마음챙김 수행법
진정한 행복

나는 착취, 사회적 부정의, 도둑질, 억압으로 일어나는 고통을 깨달아, 생각, 말, 행동에서 관대함을 실천하기를 약속합니다. 나는 남의 것을 훔치지도 가지지도 않겠다고 결심합니다. 그리고 나는 내 시간, 에너지, 물적 자원을 어려운 사람들과 나누겠습니다. 나는 깊이 들여다보는 연습을 해서, 다른 사람의 행복과 고통은 내 자신의 행복과 고통과 별개가 아니라는 사실, 진정한 행복은 이해와 자비 없이는 불가능하다는 사실, 그리고 부, 명성, 권력, 감각적 쾌락을 좇아다니는 것은 많은 고통과 절망을 가져올 수 있다는 사실을 깨닫겠습니다. 나는 행복이 외적 조건이 아닌 내 마음가짐에 달려 있다는 사실, 그리고 나는 행복할 수 있는 조건이 이미 충분하다는 것을 상기하는 것만으로도 지금 이 순간을 행복하게 살 수 있다는 사실을 자각하고 있습니다. 나는 지구 위 생명체의 고통을 줄이고 기후 변화에로의 원인 제공을 멈출 수 있도록, 바른 생업을 행하기를 약속합니다.

▼

이것은 5가지 마음챙김 수행법 중 두 번째입니다. 지난 2주 동안 이것을 공부하고 행하고 지켰습니까? (3회 호흡)

[종소리]

제3의 마음챙김 수행법
진정한 사랑°

나는 성적 부정행위로 인한 고통을 깨달아, 책임감을 기르기를, 그리고 개인, 연인, 가족 및 사회의 안전과 성실성을 보호하는 방법을 배우는 데 최선을 다하기를 약속합니다. 나는 성욕은 사랑이 아니며, 갈망에 의한 성행위는 항상 자신과 타인에게 해를 끼친다는 사실을 알고 있으므로, 가족과 친구들에게 알려진 진정한 사랑과 깊고 장기적인 약속 없이는 성적 관계를 갖지 않겠다고 결심합니다. 나는 아동을 성적 학대로부터 보호하고, 성적 부정행위로 인해 연인과 가족이 무너지는 일이 없도록 최선을 다하겠습니다. 나는 몸과 마음이 하나인 것을 알고 있으므로, 나의 성 에너지를 관리하는 적절한 방법을 배우기를, 그리고 나와 타인의 더 큰 행복을 위해, 참된 사랑의 네 가지 기본 요소인 자애, 자비, 기쁨, 포용성을 기르기를 약속합니다. 우리가 진정한 사랑을 행하면, 앞으로도 미래에 이르기까지 아름답게 살아갈 것임을 알고 있습니다.

° 14가시 마음챙김 수행법의 제14의 수행법과 제목은 같아도 내용은 다르다.

▼

이것은 5가지 마음챙김 수행법의 세 번째입니다. 지난 2주 동안 이것을 공부하고 행하고 지켰습니까? (3회 호흡)

[종소리]

제4의 마음챙김 수행법
사랑의 말과 경청

나는 부주의한 말과 다른 사람의 말을 경청할 수 없는 데서 오는 고통을 깨달아, 사랑의 말과 자비로운 경청을 길러서 고통을 덜어주고, 내 안에서, 그리고 사람들 사이, 인종·종교적 집단 간 그리고 국가 간의 화해와 평화를 촉진하기를 약속합니다. 나는 말이 행복이나 고통을 낳을 수 있음을 알고 있으므로, 자신감, 기쁨, 희망을 불러일으키는 말을 사용해서 진실하게 말하기를 약속합니다. 화가 내 안에 나타나면 나는 말하지 않기로 결심합니다. 나는 마음챙김 호흡과 걷기를 해서 내 화를 인지하고 그것을 깊이 들여다보겠습니다. 나는 화의 뿌리가 나와 다른 사람 안에 있는 고통에 대한 나의 잘못된 인식과 이해의 부족에 있음을 압니다. 나는 자신과 상대방이 고통을 바꾸고 어려운 상황에서 벗어나는 길을 찾도록 말하고 경청할 것입니다. 나는 확실하지 않은 소식을 퍼뜨리지 않고 분열과 불화를 일으킬 수 있는 말을 하지 않겠다고 결심합니다. 나는 바른 근면[正精進]을 실천하여, 이해·사랑·기쁨·포용에 대한 능력을 기르고, 내 의식 깊은 곳에 있는 화, 폭력, 두려움을 서서히 바꾸어 가겠습니다.

▼

이것은 5가지 마음챙김 수행법의 네 번째입니다. 지난 2주 동안 이것을 공부하고 행하고 지켰습니까? (3회 호흡)

[종소리]

제5의 수행법
자양분과 치유

나는 무분별한 소비로 인한 고통을 깨달아, 마음챙김으로 먹고 마시고 소비함으로써, 내 자신, 가족, 사회를 위해 신체적, 정신적 건강을 기르기를 약속합니다. 사식(四食), 곧 먹는 음식인 단식(段食), 감각의 음식인 촉식(觸食), 의도라는 의사식(意思食), 의식이라는 식식(識食)을 내가 섭취하는 방식을 깊이 들여다보는 수행을 하겠습니다. 나는 도박을 하지 않을 것이고, 알코올, 약물 그리고 다른 모든 제품 — 특정 웹사이트, 전자 게임, TV 프로그램, 영화, 잡지, 책, 대화 등 독소를 가지고 있는 모든 다른 제품 — 을 사용하지 않기로 결심합니다. 나는 지금 이 순간을 되돌아보는 수행을 해서, 내 안팎에 있는 신선하고 치유적이며 영양을 주는 요소와 접촉해서, 후회와 슬픔이 나를 과거로 끌고 가지 않도록, 불안, 두려움, 갈망이 나를 지금 이 순간으로부터 끌어내지 않도록 할 것입니다. 나는 소비에 빠져서 외로움, 불안, 또는 다른 괴로움을 감추려 하지 않겠다고 결심합니다. 나는 상호존재를 관상하며, 내 몸과 의식 안에서, 그리고 가족·사회·지구라는 집단적 몸과 집단적 의식 안에서 평화와 기쁨, 안녕을 보존하는 방식으로 소비하겠습니다.

▼

이것은 5가지 마음챙김 수행법 중 마지막입니다. 지난 2주 동안 이것을 공부하고 행하고 지켰습니까? (3회 호흡)

[종소리]

결어

형제자매 여러분, 우리는 개인과 가정과 사회의 행복의 기초가 되는 5가지 마음챙김 수행법을 봉독했습니다. 마음챙김 수행법의 공부와 수행이 날마다 깊어질 수 있도록 규칙적으로 봉독해야 합니다.

종소리가 들리면 일어서서 세 번 절을 하고° 불·법·승에게 감사를 표하십시오.

[종소리 세 번]

° 'touch the Earth'와 'bow deeply' 모두 '절하다'로 옮겼다.

접현종의 14가지 마음챙김 수행법을 전승하는 의식

14가지 마음챙김 수행법을 받기를 요청하는 모든 지원자는 법당의 중앙 통로에 착석하여 불단을 바라보고, 대표자는 그룹의 선두에 앉는다. 대표자는 접현종의 재가자이거나 지원자 중 한 명일 수 있다. 나머지 종원들은 수계의 시기별로 줄을 서서 양쪽에 앉는다.

좌선
12분간, 안내에 따름

향 올리기

절

212

개경게

《반야심경》봉독

정식 요청

지원자 대표: (합장한 채로)

부처님께 귀의합니다.

존경하는 스승님과 고귀한 승가여, 자비롭게 우리의 말씀을 들어주세요. 저희[지원자의 이름과 법명 리스트]는 정식으로 청하는 바입니다.

[종소리와 함께. 대표자와 모든 지원자는 절을 한 번 올린다. 그런 다음 무릎을 꿇고 앉아서 합장한다.]

지원자의 대표는 모든 지원자의 이름으로 아래와 같이 청한다:

석가모니 부처님께 귀의합니다.

존경하는 스승님과 고귀한 승가여, 우리는 우리가 매우 운이 좋다는 것을 압니다. 우리는 가문의 조상과 영적 조사로부터 많은 공덕을 받았습니다. 그 덕분에 5가지 마음챙김 수행법을 받고 행할 수 있는 기회를 갖게 되었습니다.

이 수행법 수행의 길은, 우리의 사랑과 이해가 성장하도록 도왔고, 우리 자신과 주변 사람들에게 변화와 치유와 기쁨을 가져다주었습니다. 우리는 이 길에서 승가를 갖는 것이 얼마나 귀중한지를 이해했습니다. 승가가 없었다면 이 아름다운 수행을 어떻게 일상생활에서 지속할 수 있었을까요? 우리가 승가라는 강과 함께 흘러가면 해탈의 바다에 도달할 수 있음을 압니다. 우리는 승가의 법맥을 우리 자신의 것으로 받아들이고 싶습니다.

작년에 우리는 한 달에 한 번 모여서 14가지 마음챙김 수행법을 공부했습니다. 우리는 지역 승가나 플럼빌리지가 주관하는 마음챙김의 날과 안거에 정기적으로 참가해 왔습니다. 오늘 우리는 접현종의 귀중한 14가지 수행법을 받기를 진심으로 열망합니다. 우리는 이 길을 가는 동안 보살들이 우리와 함께하심을, 매 순간이 행복의 순간이 될 수 있음을 명백히 알고 있습니다.

우리는 사랑하는 영적 조사와 고귀한 승가에게, 우리의 요청을 수락하셔서 접현종의 14가지 수행법을 우리에게 전해주시기를, 지역 승가의 지지와 함께 겸허히 청하는 바입니다.

전계사(傳戒師)는 다음과 같이 대답한다:

여러분들의 요청을 기꺼이 수락합니다. 이렇게 훌륭한 길을 발견하고 그것에 전념할 수 있는 기회를 갖게 된 것은 정말 행운입니다. 여러분의 가장 아름다운 임무는 많은 사람의 안식처가 될 수 있는 승가를 만드는 것입니다. 부처님께서 평생 하신 일이 이것입니다. 이 길을 따라 부처님의 법맥을 이어가십시오. 부처님과 모든 보살들이 당신을 지지할 것입니다.

지원자의 대표는 다음과 같은 감사의 인사를 드린다:
우리의 청을 수락해주신 일에 대해 존경하는 스승님과 고귀한 승가에 감사드립니다. 소중한 조언을 진심으로 따르겠습니다.

[종이 울리면, 지원자의 대표자와 모든 지원자는 두 번 더 절을 한다. 만일 대표자가 지원자 중의 한 사람이 아니라면, 지원자들은 자신들의 자리로 돌아간다. 모든 지원자는 법당의 중앙에 머물고, 의식은 시작된다.]

승가갈마 회의 절차

승가갈마사: 공동체가 모두 모였습니까?

승가갈마 소집자: 예, 모두 모였습니다.

승가갈마사: 공동체가 화합하여 지내고 있습니까?

승가갈마 소집자: 예, 화합하여 지냅니다.

승가갈마사: 오늘 공동체가 모인 이유는 무엇입니까?

승가갈마 소집자: 공동체는 접현종의 14가지 마음챙김 수행법을 전하기 위해 모였습니다.

승가갈마사: 접현종의 고귀한 공동체여, 들어주십시오. 오늘 [○월○일]은 접현종의 14가지 마음챙김 수행법을 전법(傳法)하는 날로 지정되었습니다. 우리는 지정된 시간에 모였고 우리 모임은 화합의 분위기에서 마음챙김 수행법을 전하고 받을 준비가 되어 있습니다. 따라서 전법을 진행할 수 있습니다. 이 진술은 분명하고 완전합니까?

모두: 예, 그렇습니다.

[종소리]

감사한 마음으로 절하기

종소리를 듣고 한 줄씩 봉독한 뒤 한 번씩 절하세요.

여러분에게 생명을 주신 아버지 어머니께 감사하는 마음으로 삼보 앞에서 시방(十方)으로 절하십시오.

[종소리]

이해하고 사랑하는 법을 가르쳐주신 스승님께 감사드리며 삼보 앞에서 시방으로 절하십시오.

[종소리]

길을 인도하고 지지하는 도반들에게 감사하는 마음으로 삼보 앞에서 시방으로 절하십시오.

[종소리]

동물계, 식물계, 광물계의 모든 존재들에게 감사하는 마음으로 삼보 앞에서 시방으로 절하십시오.

[종소리 2회]

도입의 말

오늘 우리는 접현종의 14가지 마음챙김 수행법을 받아서 지키려고 접현종 핵심 공동체에 입문하는 우리 형제자매를 영적으로 지원해주기 위해 모였습니다.

　수계자들 여러분, 들어보십시오. 여러분은 불도에서 스승이자 도반으로서 보살들의 발자취를 따라가면서, 접현종의 마음챙김 수행법을 받아서 지키겠다고 염원했습니다. 여러분은 보리심의 씨앗, 사랑의 마음을 싹틔웠고, 이 씨앗을 키우기를 염원해 왔습니다. 여러분 자신의 해탈과 각성, 그리고 다른 모든 생명 종의 해탈과 각성은, 이제 여러분의 최고의 법맥이 되었습니다. 수행공동체의 형제자매들이여, 호흡을 즐기면서 마음챙김을 확립하십시오. 그래야 여러분은 참으로 존재하게 되고, 수계자들 안에 있는 보리심의 씨앗 곧 사랑의 마음을 도울 수 있습니다. 여러분의 도움으로 수계자들은 이 씨앗을 단단하고 용감하게 싹틔우면 그것은 불괴(不壞)의 것이 될 것입니다.

　수계자들이여, 이것은 접현종의 14가지 마음챙김 수행법

218

을 받는 엄숙한 순간입니다. 마음챙김 수행법이 하나하나 낭송될 때마다 맑고 집중된 마음으로 경청하고, 낭송된 마음챙김 수행법을 받아 공부하고 행할 의도와 능력이 당신 속에 있음을 명확하게 확인할 때마다 "예, 그렇습니다"라고 명확하게 대답하십시오.

형제자매 여러분, 준비되셨습니까?

수계자: 예, 저는 준비되었습니다.

이제 다음으로는 접현종의 14가지 마음챙김 수행법입니다.

14가지 마음챙김 수행법의 전수

제1의 마음챙김 수행법

마음의 개방

우리는 광신주의와 불관용이 만드는 고통을 깨달아, 어떠한 교리, 이론, 이데올로기, 심지어 불교의 것까지도 우상 숭배하지 않고 그것들에 얽매이지 않기로 결심합니다. 우리는 불교의 가르침을, 사물을 깊이 들여다보아서 이해와 자비 기르기를 배우는 데 도움이 되는 지침으로 간주할 것을 약속합니다. 불교는 그 자체를 위해 싸우거나 죽이거나 생명을 바치는 교리가 아닙니다. 우리는 수많은 유형의 광신주의가 사물을 이원적으로 차별적으로 인식한 결과임을 이해합니다. 우리는 우리 자신과 세계의 독단주의와 폭력을 바꾸기 위해, 만사를 개방과 상호존재(interbeing)의 통찰력으로 바라볼 수 있도록 우리 자신을 수련할 것입니다.

▼

이것은 접현종 제1의 마음챙김 수행법입니다. 이것을 받고, 공부하고, 행하겠다고 약속합니까?

수계자들: 네, 약속합니다.

[종소리]

제2의 마음챙김 수행법

견해에 대한 무집착

우리는 견해에 대한 집착과 그릇된 인식이 만든 고통을 깨
달아, 편협한 마음과 현재의 견해에 얽매이지 않기로 결심
합니다. 우리는 집단적 지혜로부터 수혜를 받기 위해, 견해
에 집착하지 않기를 배우고 행하며, 다른 사람의 통찰력과
경험에 열린 마음을 가질 것을 약속합니다. 우리는 현재 우
리가 가지고 있는 지식이 불변의 절대적인 진리가 아님을
깨닫고 있습니다. 통찰은 자비로운 경청, 깊이 보기, 관념 내
려놓기의 수행을 통해 얻어지는 것이지 이지적인 지식의 축
적을 통해서가 아닙니다. 진리는 삶에서 발견되므로 우리는
매 순간 우리 내부와 주변의 삶을 관찰할 것이고, 평생 배울
준비가 되어 있습니다.

▼

이것은 접현종 제2의 마음챙김 수행법입니다. 여러분은 이것

을 받고, 공부하고, 행하겠다고 약속합니까?

수계자들: 네, 약속합니다.

[종소리]

제3의 마음챙김 수행법

사상의 자유

우리가 다른 사람에게 우리의 견해를 강요할 때 초래되는 고통을 깨달아, 권위, 위협, 금전, 선전, 세뇌 등 어떤 수단으로도 다른 사람에게, 심지어 우리의 자녀에게도 우리의 견해를 수용하라고 강요하지 않기로 결심합니다. 우리는 다른 사람이 다를 권리, 무엇을 믿고 어떻게 결정할 것인지를 선택할 권리를 존중하기로 약속합니다. 그러나 우리는 사랑의 말과 자비로운 대화를 통해, 다른 사람들이 광신주의와 편협함을 버리고 그것들을 바꾸도록 돕는 법을 배울 것입니다.

▼

이것은 접현종 제3의 마음챙김 수행법입니다. 여러분은 이것을 받고, 공부하고, 행하겠다고 약속합니까?

222

수계자들: 네, 약속합니다.

[종소리]

제4의 마음챙김 수행법

고통의 자각

───────────────

우리는 고통의 본질을 깊이 들여다보는 것이 이해와 자비심을 기르는 데 도움이 된다는 것을 깨달아, 마음챙김의 에너지로써 자기 자신으로 돌아가 고통을 알아차리고, 포용하고, 그 고통에 귀 기울일 것을 결심합니다. 우리는 가능한 한 노력을 기울여서, 고통에서 도망가지도 않고 소비 행위로 고통을 덮지 않도록 하고, 의식적인 호흡과 걷기를 수행하여 고통의 근원을 깊이 들여다볼 것입니다. 우리는 고통의 근원을 깊이 이해할 때 비로소 고통을 변화시키는 길을 깨달을 수 있음을 알고 있습니다. 우리 자신의 고통을 먼저 이해해야만 타인의 고통을 이해할 수 있게 됩니다. 우리는 고통받은 사람들과 함께할 수 있도록 개인적인 접촉이나 전화, 전자적·시청각 수단 및 기타 방법을 찾기를 약속합니다. 그러면 우리는 그들의 고통을 자비, 평화, 기쁨으로 바꾸는 데 도움이 될 수 있습니다.

▼

이것이 접현종 제4의 마음챙김 수행법입니다. 여러분은 이것을 받고, 공부하고, 행하겠다고 약속합니까?

　　수계자들: 네, 약속합니다.

　　[종소리]

제5의 마음챙김 수행법

자비롭고 건강한 생활

우리는 진정한 행복이 평화, 단단함, 자유, 자비에 뿌리를 두고 있음을 알고, 수백만 명이 굶주리고 죽어가는 동안 부를 축적하지 않겠다고, 그리고 명예, 권력, 부 또는 감각적 쾌락을 인생의 목표로 삼지 않겠다고 결심합니다. 이런 것들은 많은 고통과 절망을 가져오기 때문입니다. 우리는 먹을 수 있는 음식, 감각, 의지, 의식으로써° 우리가 몸과 마음을 어

○　　사식(四食)곧단식(段食),촉식(觸食),사식(思食),식식(識食)을지칭한다.

224

떻게 육성하는지 깊이 들여다보는 수행을 할 것입니다. 우리는 특정 웹 사이트, 전자 게임, 음악, TV 프로그램, 영화, 잡지, 서적 및 대화와 같이 우리 자신의 몸과 의식에 그리고 집단적인 몸과 의식에 독소를 가져오는 알코올, 약물 또는 기타 제품을 사용하거나 도박하지 않을 것을 약속합니다. 우리는 우리 자신의 몸과 의식, 그리고 가족·사회·지구라는 집단적인 몸과 의식에서 자비, 안녕, 기쁨을 보존하는 방식으로 소비할 것입니다.

▼

이것은 접현종 제5의 마음챙김 수행법입니다. 여러분은 이것을 받고, 공부하고, 행하겠다고 약속합니까?

수계자들: 네, 약속합니다.

[종소리]

제6의 마음챙김 수행법
화 돌보기

우리는 화가 소통을 막고 고통을 일으킨다는 사실을 깨달아, 화가 일어나면 화의 에너지를 돌보고 의식 깊숙이 자리하고 있는 화의 씨앗을 인지하고, 그 씨앗을 변화시키기로 약속합니다. 화가 일어나면 우리는 일체의 언동을 금하고, 마음챙김 호흡이나 걷기를 하여 우리의 화를 인정하고 안아주며 깊이 들여다보기로 결심합니다. 우리는 화의 근원이 우리 밖에 있는 것이 아니라 우리의 잘못된 인식과 자신의 고통과 타인의 고통에 대한 이해 부족에 있음을 압니다. 우리는 무상을 묵상함으로써, 자비의 눈으로써 우리 자신과 화의 원인이라고 생각하는 사람들을 보면서, 상호관계의 소중함을 인정할 것입니다. 우리는 바른 정진(正精進)을 수행하여, 이해, 사랑, 기쁨, 포용의 능력을 키우고, 화, 폭력, 두려움을 점진적으로 변화시키고 다른 사람도 그렇게 하도록 도울 것입니다.

▼

이것이 접현종 제6의 마음챙김 수행법입니다. 여러분은 이것을 받고, 공부하고, 행하겠다고 약속합니까?

수계자들: 네, 약속합니다.

[종소리]

제7의 마음챙김 수행법

지금 이 순간에 행복하게 머물기

우리는 인생이란 지금 이 순간에만 주어진다는 것을 깨달아, 일상의 매 순간을 깊이 살아갈 수 있도록 수련하기를 약속합니다. 우리는 과거에 대한 후회, 미래에 대한 걱정, 현재의 갈망, 분노, 질투로 산란하게 되거나 휩쓸려가지 않도록 노력할 것입니다. 지금 여기에서 무슨 일이 일어나고 있는지 알아차리기 위해 마음챙김 호흡을 할 것입니다. 우리는 우리 내부와 주변에 그리고 모든 상황에 존재하는 경이롭고 신선하며 치유적인 요소들을 접하면서 마음챙김의 생활 기술을 배우기로 결심합니다. 이렇게 하면 우리는 기쁨, 평화, 사랑, 이해의 씨앗을 우리 안에서 가꿀 수 있고, 이어서 우리 의식에서의 변화와 치유를 촉진할 수 있습니다. 우리는 진정한 행복이 외적 조건이 아니라 주로 우리의 정신 태도에 달려 있음을 알고 있으며, 우리는 이미 행복할 수 있는 충분한 조건을 가지고 있다는 사실을 상기하는 것만으로 지금 이 순간에 행복하게 살 수 있다는 것을 알고 있습니다.

▼

이것이 접현종 제7의 마음챙김 수행법입니다. 여러분은 이것

을 받고, 공부하고, 행하겠다고 약속합니까?

수계자들: 네, 약속합니다.

[종소리]

제8의 마음챙김 수행법

진정한 공동체와 소통

우리는 부족한 소통이 항상 분열과 고통을 가져온다는 것을 깨달아, 자비로운 경청과 사랑의 말을 행하며 스스로를 수련하겠다고 약속합니다. 진정한 공동체는 포용성에 뿌리를 두고 있고, 견해·생각·말의 조화를 구체적으로 수행하는 데 뿌리를 두고 있음을 알고 있으므로, 집단적 통찰에 도달하기 위해 우리의 이해와 경험을 공동체 종원들과 공유할 것을 실천합니다. 우리는 비판이나 반대 없이 깊이 경청하는 법을 배우기로, 그리고 불화를 일으키거나 공동체를 쪼개는 말을 하지 않기로 결심합니다. 곤란한 일이 생길 때마다 우리는 승가에 머물면서 우리 자신과 타인을 깊이 들여다보고, 우리 자신의 습관 에너지를 포함하여, 곤란을 초래한 모든 원인과 조건을 확인하는 수행을 할 것입니다. 우리는 우리가 갈등을 일으켰을 수도 있는 모든 방식에 대해 책임지고, 소통을 계속할 것입니다. 우리는 피해자처럼 행동하지 말고, 아무리 작은 충돌도 조정하고 해결하는 방법을 찾는 데 적극적으로 행동할 것입니다.

▼

이것은 접현종 제8의 마음챙김 수행법입니다. 여러분은 이것을 받고, 공부하고, 행하겠다고 약속합니까?

수계자들: 네, 약속합니다.

[종소리]

제9의 마음챙김 수행법
진실하고 사랑스럽게 말하기

우리는 말이 행복이나 고통을 일으킬 수 있음을 깨달아, 진실하고 다정하고 건설적으로 말하는 법을 배우겠다고 약속합니다. 우리는 기쁨, 자신감, 희망을 불러일으키고, 우리 자신과 다른 사람들 사이의 화해와 평화를 고무하는 언어만을 사용할 것입니다. 우리는 자신과 다른 사람들이 고통을 변화시키고 어려운 상황에서 벗어날 길을 찾는 데 도움이 되도록 말하고 경청할 것입니다. 우리는 사익이나 남에게 좋은 인상을 남기기 위해 거짓말을 하거나, 분열이나 증오를 낳는 말을 하지 않겠다고 결심합니다. 우리는 당사자가 없을 때 그의 허물에 대해 말하지 않고, 우리의 인식이 올바른지 항상 자문함으로써 우리 승가의 행복과 화합을 지킬 것입니다. 우리는 상황을 이해하고 바꾸는 데 도움을 주려는 의도만을 가지고 말할 것입니다. 우리는 확신이 없는 것에 대해 소문을 퍼뜨리거나 비판하거나 비난하지 않습니다. 우리는 부당한 상황에 대해서 설령 거리낌 없이 말하는 것이 우리를 어려운 상황에 처하게 하더라도, 신변의 안전에 위협이 되더라도, 소리 높여 이야기하도록 최선을 다하겠습니다.

▼

이것은 접현종 제9의 마음챙김 수행법입니다. 여러분은 이것을 받고, 공부하고, 행하겠다고 약속합니까?

수계자들: 네, 약속합니다.

[종소리]

승가를 보호하고 육성하기

우리는 승가의 본질과 목적이 이해와 자비의 실천임을 깨달아, 불교 공동체를 개인적인 권력이나 사익을 위해 이용하지도 않고, 정치적 도구로 변질시키지도 않겠다고 결심합니다. 하지만 우리는 영적 공동체의 일원으로서 억압과 부정의에 대해 명백히 반대의 입장을 취할 것입니다. 우리는 갈등에서 어느 한쪽에 가담하지 않고 상황을 개선하기 위해 노력해야 합니다. 우리는 상호존재(interbeing)의 눈으로 보도록 배우기를, 자기 자신과 다른 사람을 승가라는 하나의 몸 안에 있는 세포로 보기를 약속합니다. 우리 각자는 승가라는 몸의 진실한 세포의 하나로서, 마음챙김, 집중, 통찰을 낳아서 자신과 공동체 전체를 양육합니다. 우리 각자는 동시에 부처님 몸 안에 있는 하나의 세포이기도 합니다. 우리는 적극적으로 형제애·자매애를 쌓고 강물처럼 흐르면서, 세 개의 진실한 힘 — 이해, 사랑, 번뇌의 지멸 — 을 기르도록 수행해서 집단적인 각성을 실현하겠습니다.

▼

이것은 접현종 제10의 마음챙김 수행법입니다. 여러분은 이것을 받고, 공부하고, 행하겠다고 약속합니까?

수계자들: 네, 약속합니다.

[종소리]

제11의 마음챙김 수행법

바른 생업[正命]

우리는 우리의 환경과 사회에 엄청난 폭력과 부정의를 가해왔음을 깨달아, 인간과 자연을 해치는 직업을 갖지 않기로 약속합니다. 우리는 지구상의 모든 종의 안녕에 기여하는 생업, 그리고 이해와 자비라는 우리의 이상을 실현하는 데 도움이 되는 생업을 선택하기 위해 최선을 다할 것입니다. 전 세계의 경제적, 정치적, 사회적 현실 그리고 우리 자신과 생태계와의 상호 관계성을 인식하고, 우리는 소비자로서 그리고 시민으로서 책임감 있게 행동하기로 합니다. 우리는 천연자원의 고갈을 초래하거나 지구를 해치거나 다른 사람으로부터 삶의 기회를 박탈하는 기업에 투자하지도 그 제품을 구매하지도 않겠습니다.

▼

이것은 접현종 제11의 마음챙김 수행법입니다. 여러분은 이것을 받고, 공부하고, 행하겠다고 약속합니까?

수계자들: 네, 약속합니다.

[종소리]

제12의 마음챙김 수행법

생명 존중

우리는 전쟁과 분쟁으로 큰 고통이 일어난다는 것을 깨달아, 일상생활에서 비폭력, 자비, 그리고 상호존재의 통찰을 기르기로 결심하고, 가족들, 공동체들, 여러 인종과 종교 집단, 국가들 사이에서 그리고 세계에서, 평화 교육, 마음챙김에 의한 조정과 화해를 촉진하기로 결심합니다. 우리는 죽이지 않고 다른 사람도 죽이지 않도록 할 것을 약속합니다. 우리는 세계 안에서, 우리의 생각이나 생활 방식에 있어서 어떠한 살생도 지지하지 않습니다. 우리는 생명을 지키고 전쟁을 막고 평화를 구축하기 위한 더 나은 방법을 찾기 위해, 승가와 함께 깊이 보기를 열심히 실천할 것입니다.

▼

이것은 접현종 제12의 마음챙김 수행법입니다. 여러분은 이것을 받고, 공부하고, 행하겠다고 약속합니까?

수계자들: 네, 약속합니다.

[종소리]

제13의 마음챙김 수행법
관대함 기르기

─────────────────────────

우리는 착취, 사회적 부정의, 도둑질, 억압이 일으키는 고통을 깨달아, 생각하고 말하고 행동하는 방식에서 관대함을 기르기를 약속합니다. 우리는 사람, 동물, 식물, 광물의 행복을 위해 일하고, 어려운 사람들에게 시간, 에너지, 물자를 나눔으로써 자애심을 실천합니다. 우리는 남의 것을 훔치거나 소유하지 않겠다고 결심합니다. 다른 사람의 재산을 존중하지만, 사람들이 타인의 고통이나 다른 생명의 고통으로부터 이익을 얻지 못하도록 노력하겠습니다.

▼

이것은 접현종 제13의 마음챙김 수행법입니다. 여러분은 이것을 받고, 공부하고, 행하겠다고 약속합니까?

수계자들: 네, 약속합니다.

[종소리]

제14의 마음챙김 수행법
진정한 사랑

일반 재가자들을 위해: 우리는 성욕이 사랑이 아니며, 갈망에 의한 성적 관계는 외로움을 해소할 수 없고 더 많은 고통, 좌절감, 고립을 초래한다는 사실을 깨달아, 상호 이해와 사랑, 그리고 우리 가족과 친구들에게 알려진 깊고도 장기적인 약속 없이는 성적 관계를 갖지 않을 것을 결심합니다. 마음과 몸이 분리되어 있지 않다는 것을 알아서, 우리는 성 에너지를 돌보는 적절한 방법을 배우고, 우리 자신의 행복과 다른 사람의 행복을 위해 자애, 자비, 기쁨, 포용성을 기르기 위한 적절한 방법을 배우기로 약속합니다. 우리는 성적 관계로 인해 발생할 수 있는 미래의 고통을 알고 있어야 합니다. 우리는 자기 자신과 타인의 행복을 유지하기 위해 자기

자신의 권리와 약속 그리고 타인의 권리와 약속을 모두 존중해야 한다는 것을 알고 있습니다. 우리는 아동을 성적 학대로부터 보호하고, 연인과 가족이 성적 부정행위로 인해 깨지지 않도록 보호하는 데 우리가 할 수 있는 최선을 다하겠습니다. 우리는 자비심과 존경심을 가지고 우리 몸을 대할 것입니다. 우리는 보살의 이상을 실현하기 위해 네 가지 영양소[사식四食]를 깊이 들여다보고 생명 에너지(성, 호흡, 정신)를 보존하고 전달하는 방법을 배우기로 결심합니다. 우리는 새로운 생명을 세상에 가져오는 책임을 충분히 깨달아, 그들의 미래 환경에 대해 정기적으로 숙고합니다.°

▽

출가자를 위해: 우리는 비구와 비구니의 깊은 염원이 성적 사랑의 속박에서 완전히 벗어나야만 실현될 수 있음을 깨달아, 순결을 실천하며, 타인이 그 자신을 지키는 것을 도와주기로 약속합니다. 고독과 괴로움은 성적 관계가 아니라 자애, 자비, 기쁨, 관대함을 실천함으로써 경감될 수 있음을 우리는 깨닫고 있습니다. 우리는 성적 관계가 출가 생활을 파괴하고 중생을 섬긴다는 이상의 실현을 막고 다른 생명을

° 해당 항목은 2022년 개정되었다. 개정 내용은 이 책 124쪽에서 각주로 표시하였다.

해칠 것임을 알고 있습니다. 우리는 성적 에너지를 관리하는 적절한 방법을 배울 것입니다. 우리는 우리의 몸을 억압하거나 학대하지 않기로, 우리의 몸을 도구로만 보지 않기로 결심하고, 자비심과 존경을 가지고 우리 몸을 대하는 방법을 배울 것입니다. 우리는 보살의 이상을 실현하도록 우리의 생명 에너지(성.호흡.정신)를 보존하고 전달하기 위해 네 가지 영양소[四食]를 깊이 들여다볼 것입니다.

▼

이것은 접현종 제14의 마음챙김 수행법입니다. 여러분은 이것을 받고, 공부하고, 행하겠다고 약속합니까?

수계자들: 네, 약속합니다.

[종소리]

결어

형제자매들이여, 여러분은 접현종의 14가지 마음챙김 수행법을 받았습니다. 여러분은 보살의 길로 첫발을 내디뎠습니다. 이 길은 무수히 많은 잘못된 인식, 편견, 차별을 끝낸 문수보살

237

의 위대한 이해의 길이며, 뭇 중생의 생명을 사랑하고 아끼고 보호하며, 멀리 그리고 가까이 있는 모든 생명의 외침을 경청하고 이들을 돕는 관세음보살의 자비의 길이며, 모든 기회를 이용해 세상에 사랑, 이해, 조화를 만들어내는 보현(사만타바드라) 보살의 위대한 행동의 길입니다.

공동체의 형제자매 여러분, 지금과 미래에 수계자들을 도울 수 있도록 지금 이 순간에 한마음으로 그들을 영적으로 지원해 주십시오. 형제자매 여러분, 부처들과 보살들이 여러분의 수행 길에 함께할 것입니다. 종소리가 들리면 일어서서 삼보에 대한 감사의 마음을 담아 세 번 절하십시오.

수계증서 전달

회향

부
록

1987년 접현종의 14개 계율*

제1계

어떤 교리, 이론, 이데올로기, 설사 불교의 것이라도 우상숭배하거나 이에 얽매이지 않는다. 모든 사유 체계는 지침이 되는 수단일 뿐, 절대적인 진리가 아니다.

제2계

당신이 현재 가지고 있는 지식이 불변의 절대 진리라고 생각하지 말라. 편협하지도 현재의 견해에 얽매이지도 말라. 마음을 열어 타인의 관점을 받아들일 수 있도록 당신의 견해에 대한 무집착을 배우고 행하라. 진리는 단순히 개념적 지식 속에 있는 것이 아니라 삶 속에서 발견된다. 평생 공부하고 항상 자기 자신과 세상 안에서 현실을 관찰할 준비를 하라.

●   *Interbeing*(Parallax Press, 1987) 초판에서 가져옴.

제3계

권위, 위협, 금전, 선전, 심지어 교육 등 어떤 방법을 통해서도 당신의 의견을 받아들이도록 어린이를 포함한 다른 사람에게 강요하지 말라. 다만 자비심 있는 대화를 통해 다른 사람이 광신주의와 편협함을 포기하도록 도우라.

제4계

고통과의 접촉을 피하지도 고통 앞에서 눈감지도 말라. 이 세상의 삶에는 고통이 존재한다는 깨달음을 잃지 말라. 개인적인 접촉이나 방문, 이미지, 소리 등 모든 수단을 통해서 고통받는 사람들과 함께할 방법을 찾아라. 그러한 수단으로 세상에 있는 고통의 현실에 대해 자신과 다른 사람들을 각성시켜라.

제5계

수백만 명의 사람들이 굶주리는 동안 부를 축적하지 말라. 명예, 이익, 부 또는 관능적 쾌락을 당신의 인생 목적으로 삼지 말라. 단순하게 살고 시간, 에너지 및 물적 자원을 어려운 사람들과 나누어라.

제6계

분노나 증오를 품지 말라. 분노와 증오가 생기는 즉시, 분노와 증오를 일으킨 사람을 깊이 이해하기 위해 자비 명상을 실천하라. 자비의 눈으로 다른 존재를 보는 것을 배워라.

제7계

자신을 산란이나 주변 환경 속에서 잃지 말라. 마음과 몸의 평정을 되찾기 위해 그리고 마음챙김을 수행하고, 집중력과 이해력을 기르기 위해 호흡 수행을 배워라.

제8계

불화를 일으키거나 수행 공동체를 분열시킬 수 있는 말을 하지 말라. 갈등이 아무리 작더라도 화해하고 해결하기 위해 최선을 다하라.

제9계

사익을 위해서나 사람에게 감동을 주기 위해 진실 아닌 말을 하지 말라. 분열이나 증오를 일으킬 수 있는 말을 하지 말라. 확실히 모르는 뉴스를 퍼뜨리지 말라. 확신이 서지 않는 것을 비판하거나 비난하지 말라. 항상 정직하고 건설적으로 말하라. 당신 자신의 안전이 위협받을 수 있는 경우에도 불의한 상황에 대해 소리를 낼 용기를 가져라.

제10계

사적인 이득이나 이익을 위해 불교 공동체를 이용하지 말고 당신의 공동체를 정당으로 변질시키지 말라. 그러나 종교 공동체는 억압과 부정의에 대해 명백히 반대의 입장을 취하고, 당파적 대립에 말려들지 않으면서 상황 개선을 위해 노력하라.

제11계

인간과 자연에 해를 끼치는 직업을 갖지 말라. 다른 사람으로부터 삶의 기회를 박탈하는 기업에 투자하지 말라. 당신이 가진 자비의 이상을 실현하는 데 도움이 되는 직업을 선택하라.

제12계

죽이지 말라. 다른 사람도 죽이지 않도록 하라. 생명을 보호하고 전쟁을 막기 위해 가능한 모든 수단을 찾아라.

제13계

남의 것은 어떤 것도 소유하지 말라. 타인의 재산을 존중하면서도, 그 사람이 인간의 고통이나 다른 생명의 고통으로부터 이익을 얻는 것은 막아라.

제14계

당신의 몸을 학대하지 말라. 존경심을 갖고 몸을 다루는 것을 배워라. 자신의 몸을 단순히 도구로 간주하지 말라. 불도를 실현하기 위해 생명 에너지(정·기·신)를 보존하라. 사랑과 헌신 없이 성적 표현을 하지 말라. 성적 관계에서 일어날 수 있는 미래의 고통에 주의하라. 타인의 행복을 유지하도록 타인의 권리와 약속을 존중하라. 세상에 새 생명을 가져올 책임을 충분히 인식하라. 당신이 새로운 존재들을 데려올 그 세상에 대해 묵상하라.

허우성

이 책의 역자 허우성은 틱낫한 스님(1926~2022)을 오래전부터 알아왔다. 1980년
대 하와이대학 유학 시절 대학 강당에서 강연을 들은 적도 있고, 강연 직후 그분
이 베트남 난민들의 처소에서 제자와 함께 지내는 모습을 잠시 본 적도 있었다.
그들이 명절을 맞이하는 아이들처럼 설레는 마음으로 마냥 싱글벙글하며 그를
환대하고 행복해하는 모습이란, 옆에서 보기만 해도 즐거웠다. 그것은 하나의
경이였다. 아, 한 사람의 존재가 다른 사람에게 저렇게 큰 기쁨을 줄 수 있다니!
이제 그분은 가셨다. 그분의 영어 원서와 한글 역서를 여러 권 읽어보았고, *The
Sun My Heart*를 "마음모음"(2004, 나무심는사람)이란 제목으로 번역 출간하기도
했다. 국내에 틱낫한의 책이 많이 번역되어 있지만 불완전해 보이는 것들이 더
러 있다. 이것들을 '정확하고, 아름답게' 재번역하려는 계획도 가지고 있다.
《틱낫한 인터빙》은 초역이다. '참여불교의 14가지 마음챙김 수행법(The 14
Mindfulness Trainings of Engaged Buddhism)'이라는 원서의 부제처럼, 한국의 많은 승
가 집단이 이 책을 주요 의식집으로 사용하고, 틱낫한 스님이 불교의 고전을 살
려낼 때 두 기준으로 삼았던 '접(接)'과 '현(現)'의 정신이 우리 땅에도 뿌리내리기
를 바란다. 그런 의미에서 계간지《철학과현실》에 게재한 글을 역자 해설로 이
책의 끝에 붙였다.

틱낫한이 전해준 '마음챙김'의 길°

들어가는 말

오래된 것이면서도 잊히지 않고 사람에게 선한 영향력을 주는 책이나 예술 작품은 고전으로 불린다. 많은 불교 경전은 2천 수백 년 전의 고타마 붓다에까지 소급하지만, 수많은 사람이 지금도 인생의 지침으로 삼고 있으니 고전이다.

베트남 출신 틱낫한(Thich Nhat Hanh, 1926~2022) 스님은 붓다가 가르친 팔정도(八正道)의 하나인 정념(正念)을 '마음챙김(mindfulness)'으로 현대화하고, 그것을 기반으로 해서 수행 공동체를 설립·운영하면서 세계 불교계와 다른 영적 전통에 좋은 영향을 주어왔다. 필자는 이 글에서 그의 책 《틱낫한 인터빙》(불광출판사, 2024)에 실린 '14가지(個組) 마음챙김 수행법'에 주목해서, 불경(佛經)이라는 고전을 되살린 그의 기준을 살펴보고, '14가지 마음챙김 수행법'을 요약하여 소개한 다음, 우리의 현실에서 질문 몇 가지를 던지려 한다.

○   이 글은 계간지 《철학과현실》 2023년 여름호에 게재된 것으로, 본 역서에 따라 약간 수정했다.

1. 불교 고전을 되살리는 기준: 접과 현

틱낫한은 고전을 살려내는 두 기준으로 '접(接)'과 '현(現)'을 말한다.° '접'은 원전의 정신을 제대로 접해서 후대에 전하는 것이고, '현'은 시대적 요구에 부응해서 현대화하는 것이다. '접현'은 그가 《화엄경》에서 빌려온 말인데, 자신의 종단을 접현종(接現宗)이라 명명하고, 영어로는 'The Order of Interbeing'이라고 옮겼다.

틱낫한은 '14가지 마음챙김 수행법'의 기원을 초기불교 경전에 널리 퍼져 있는 10개의 계율에서 찾는다. 이것들의 목표는 인간 세상에서 흔히 일어나는 십악(十惡)을 버리는 것이다. 십악에는 탐욕, 화냄[진에瞋恚], 삿된 견해[사견邪見], 거짓말[망어妄語], 상대에 따라 말을 바꾸는 양설(兩舌), 욕설[악구惡口], 과장하기[기어綺語], 살생, 훔치기[투도偷盜], 삿된 성행위[사음邪婬]가 들어 있다.

틱낫한은 우리 시대의 고통을 잘 다룰 수 있도록 10개의 계율을 '14가지 마음챙김 수행법'으로 재구성했다. 그런데 이 수행법은 고타마 붓다가 직접 가르친 팔정도를 반영하고 있고, 팔정도는 테라바다 불교와 대승불교 모두의 필수적인 가

○   틱낫한, 《틱낫한 인터빙》(불광출판사, 2024), p. 37 이하 참조.

르침이며, 모든 불교 수행의 기초를 이루고 있으므로,° '14가지 마음챙김 수행법'은 붓다의 정신과 대승불교 전통을 계승한 것이다.

틱낫한에 따르면, '14가지 마음챙김 수행법'은 전통적인 비구계와 비구니계를 보완한 보살계다. 그리고 "보살계는 … 이 계율을 단순히 금지의 성격을 지닌 것을 넘어서서, 자비행의 방향으로 보완하여 긍정적인 것으로 만든다. … 플럼빌리지에서는 비구와 비구니는 '14가지 마음챙김 수행법'을 보살계로서 받는다."°° 당시의 베트남 불교에서도 오늘날 한국불교에서도 비구와 비구니 수계 시 보살계도 함께 받는다.

'접'과 '현'은 서양 고전을 살리는 기준이 될 수도 있다. 하지만 서양 고전 읽기와 불경 읽기는 좀 다르다. 특히 서양철학책은 주로 이지적인 머리로 읽는 것 같다. 불경은 머리만이 아니라 직접 소리를 내면서 몸으로도 읽는다. 불교는 몸과 마음을 별개의 두 실체로 보지도 않고, 신체와 독립된 이성의 냉정한 작동을 쉽게 믿지도 않는다. 십악을 범할 때 대개 머리와 몸은 동시에 작동한다. 수계를 할 때는 종소리나 목탁 소리에 맞춰 절도 한다. 칸트나 헤겔을 읽으면서 일어나 함께 소리에 맞

○   같은 책, p. 54 참조.

○○   같은 책, p. 56 참조.

취 절하는 서양 철학자 집단이 존재할까?

2. '14가지 마음챙김 수행법'

아래는 '14가지 마음챙김 수행법'을 간단히 정리한 것이다. 경어체로 한 것은 수행법을 받으려는 지원자가 전계사(傳戒師) 앞에서 서원하는 내용이어서다. 일반인도 수행법의 내용을 조용히 염송(念誦)하면 몸에 좀 익혀질 것이다.

① 마음의 개방

우리는 광신주의와 불관용이 만드는 고통을 깨달아, 어떠한 교리, 이론, 이데올로기, 설사 불교의 것이어도 우상 숭배하지 않고 그것에 얽매이지 않기로 결심합니다. 우리는 불교의 가르침을, 우리가 깊이 들여다보아서 이해와 자비 기르기를 배우는 데 도움이 되는 지침으로 간주할 것을 약속합니다. 우리는 수많은 유형의 광신주의가 사물을 이원적으로, 차별적으로 인식한 결과임을 이해합니다. 우리는 우리 자신과 세계 안에 있는 독단주의와 폭력을 바꾸기 위해, 만사를 개방과 상호존재(interbeing)의 통찰로써 볼 수 있도록 우리 자신을 수행법할 것입니다.

② 견해에 대한 무집착

우리는 견해에 대한 집착과 그릇된 인식이 만든 고통을 깨달아, 편협한 마음과 현재의 견해에 얽매이지 않기로 결심합니다. 우리는 집단적 지혜로부터 이익을 얻기 위해 견해에 집착하지 않기를 배우고 행하며, 다른 사람의 통찰력과 경험에 개방적일 것을 약속합니다. 통찰은 자비로운 경청, 깊이 보기, 관념 내려놓기의 수행을 통해 얻어지는 것이지, 이지적인 지식의 축적을 통해서가 아닙니다.

③ 사상의 자유

우리가 다른 사람에게 우리의 견해를 강요할 때 초래되는 고통을 깨달아 권위, 위협, 금전, 선전, 교육 등 어떤 수단으로도 다른 사람에게, 심지어 우리의 자녀에게도 우리의 견해를 수용하라고 강요하지 않기로 결심합니다. 우리는 다른 사람이 다를 권리, 무엇을 믿고 어떻게 결정할 것인지를 선택할 권리를 존중하기로 약속합니다.

④ 고통의 자각

우리는 고통의 본질을 깊이 들여다보는 것이 이해와 자비심을 기르는 데 도움이 된다는 것을 깨달아, '마음챙김'의 에너지로써 자기 자신으로 돌아가 고통을 알아차리고, 포용하고, 그 고통에 귀 기울일 것을 결심합니다. 우리는 고통의 뿌리를 깊이 이해할 때 비로소 고통을 변화시키는 길을 자각할 수 있음을 알고 있습니다. 우리 자신의 고통을 먼저 이해해야만 타인의 고통을 이해할 수 있게 됩니다.

⑤ 자비롭고 건강한 생활
우리는 진정한 행복이 평화, 단단함, 자유, 자비에 뿌리를 두고 있음을 깨달아, 수백만 명이 굶주리고 죽어가는 동안 부를 축적하지 않겠다고, 그리고 명예, 권력, 부 또는 감각적 쾌락을 인생의 목표로 삼지 않겠다고 결심합니다. 이런 삶은 많은 고통과 절망을 가져오기 때문입니다. 우리 자신의 몸과 의식 그리고 집단적인 몸과 의식에 독소를 가져오는 알코올, 약물 또는 기타 제품을 사용하거나 도박하지 않을 것을 약속합니다.

⑥ 화 돌보기
우리는 화가 소통을 막고 고통을 일으킨다는 사실을 깨달아, 화가 일어나면 화의 에너지를 돌보고 의식 깊숙이 자리하고 있는 화의 씨앗을 인지하고, 그 씨앗을 바꾸기를 약속합니다. 화가 일어나면 우리는 일체의 언동을 금지하고, '마음챙김' 호흡이나 걷기를 수행하여 우리의 화를 인정하고 안아주며 깊이 들여다보기로 결심합니다. 우리는 화의 뿌리가 우리 외부에

있는 것이 아니라, 우리의 잘못된 인식과 자신의 고통과 타인의 고통에 대한 이해 부족에 있음을 압니다.

⑦ 지금 이 순간에 행복하게 머물기
우리는 인생이란 지금 이 순간에만 주어진다는 것을 깨달아, 일상의 매 순간을 깊이 살아갈 수 있도록 수행하기를 약속합니다. 우리는 과거에 대한 후회, 미래에 대한 걱정, 현재의 갈망, 분노, 질투로 산란하게 되거나 휩쓸려가지 않도록 노력할 것입니다. 지금 여기에서 무슨 일이 일어나고 있는지 알아차리기 위해 '마음챙김' 호흡을 수행할 것입니다.

⑧ 진정한 공동체와 소통
우리는 소통 부족이 항상 분열과 고통을 가져온다는 것을 깨달아, 자비로운 경청과 사랑의 말을 행하며, 스스로를 수행하겠다고 약속합니다. 진정한 공동체는 포용성에, 그리고 견해·생각·말 사이의 조화라는 구체적인 수행에 뿌리를 두고 있음을 알고 있으므로, 집단적 통찰에 도달하기 위해 우리의 이해와 경험을 공동체 종원들과 공유할 것을 실천합니다. 비판이나 반대 없이 깊이 경청하는 법을 배우기로, 그리고 불화를 일으키거나 공동체를 쪼개는 말을 하지 않기로 결심합니다.

⑨ 진실하고 사랑스럽게 말하기

우리는 말이 행복이나 고통을 일으킬 수 있음을 깨달아, 진실하고 사랑스럽고 건설적으로 말하는 법을 배우겠다고 약속합니다. 우리는 기쁨, 자신감, 희망을 불러일으키고, 우리 자신과 다른 사람들 사이의 화해와 평화를 촉진하는 말만을 사용할 것입니다. 우리는 자신과 다른 사람들이 고통을 바꾸고 곤란한 상황에서 벗어날 길을 찾는 데 도움이 되는 방식으로 말하고 경청할 것입니다. 우리는 분열이나 증오를 낳는 말을 하지 않겠다고 결심합니다.

⑩ 승가를 보호하고 육성하기

우리는 승가의 본질과 목적이 이해와 자비의 실현임을 깨달아, 불교 공동체를 개인적인 권력이나 사익을 위해 이용하지 않고, 정치적 도구로 변질시키지 않겠다고 결심합니다. 하지만 우리는 영적 공동체의 일원으로서 억압과 부정의에 대해 명백히 반대의 입장을 취할 것입니다. 우리는 상호존재의 눈으로 보도록 배우기를, 자기 자신과 다른 사람을 승가라는 하나의 몸 안에 있는 세포로 보기를 약속합니다.

⑪ 바른 생업[正命]

우리는 우리의 환경과 사회에 엄청난 폭력과 부정의를 가해왔음을 깨달아, 인간과 자연을 해치는 직업을 갖지 않기로 약속합니다. 우리는 지구상의 모든 종의 안녕에 기여하고, 이해와 자비라는 우리의 이상을 실현하는 데 도움이 되는 생업을 선택하기 위해 최선을 다할 것입니다. 전 세계의 경제적, 정치적, 사회적 현실 그리고 우리 자신과 생태계와의 상호관계성을 인식하고, 소비자로서 그리고 시민으로서 책임감 있게 행동하기로 결심합니다.

⑫ 생명 존중

우리는 전쟁과 분쟁으로 큰 고통이 일어난다는 것을 깨달아, 일상생활에서 비폭력, 자비, 그리고 상호존재의 통찰을 기르기로 결심하고, 가족들, 공동체들, 인종적·종교적 그룹들, 국가들 사이에서 그리고 세계에서 평화 교육, '마음챙김'에 의한 조정과 화해를 촉진하기로 결심합니다. 우리는 죽이지 않고 다른 사람도 죽이지 않도록 할 것을 약속합니다.

⑬ 관대함 기르기

우리는 착취, 사회적 부정의, 도둑질, 억압으로 야기되는 고통을 깨달아, 생각하고 말하고 행동하는 방식에서 관대함을 기르기를 약속합니다. 우리는 사람, 동물, 식물, 광물의 행복을 위해 일함으로써, 어려운 사람들에게 시간, 에너지, 물자를 나눔으로써 자애심을 실천합니다. 우리는 남의 것을 훔치거나 소유하지 않겠다고 결심합니다. 다른 사람의 재산을 존중하지만, 사람들이 타인의 고통이나 다른 생명의 고통으로부터 이익을 얻지 못하도록 노력하겠습니다.

⑭ 진정한 사랑

일반 재가자들을 향해: 우리는 성욕이 사랑이 아니며, 갈망에 의한 성적 관계는 외로움을 해소할 수 없고, 더 많은 고통, 좌절감, 고립을 초래한다는 사실을 깨달아 상호 이해와 사랑, 그리고 우리 가족과 친구들에게 알려진 깊고도 장기적인 약속 없이는 성적 관계를 갖지 않을 것을 결심합니다.

출가자를 향해: 우리는 비구와 비구니의 깊은 염원은 성적 사랑의 속박에서 완전히 벗어나야만 실현될 수 있음을 깨달아, 순결을 실천하며, 타인이 그 자신을 지키는 것을 도와주기로 약속합니다. 고독과 괴로움은 성적 관계가 아니라 자애, 자비, 기쁨, 관대함을 실천함으로써 경감될 수 있음을 우리는 깨닫고 있습니다. 성적 관계가 출가 생활을 파괴하고, 중생을 섬기는 이상의 실현을 방해하고, 다른 생명을 해칠 것임을 알고 있습니다. 우리는 성적 에너지를 관리하는 적절한 방법을 배울 것입니다.

3. 우리의 현실

틱낫한은 이런 '마음챙김'의 길을 전해주고 2022년 돌아가셨다. 그는 '14가지 마음챙김 수행법'이 1966년 베트남의 불바다에서 탄생했다고 하고,° 처음 세 개의 수행법에서 광신주의나 정치적·종교적 독선을 정면에서 거부했다. '마음챙김 수행법'은 전쟁의 불바다에 핀 연꽃과 같다.

우리도 국내외에서 전쟁까지는 아니어도 뜨겁게 싸우고 있다. 먼저 국내다. 촛불시위, 적폐청산, 역사청산에 대해 진영으로 쪼개져 좌·우파 이념 공방이 치열하다. 민주주의가 가진 목표의 하나는, 달라도 상호존재를 인정해서 광신주의, 승자 독식을 제도적으로 막자는 것이다. 그런데 광신주의와 '묻지 마 지지'가 팽배해 있는 우리의 민주주의에는 집단적 지혜 대신 집단적 무지와 혐오가 판치고 있다. 처음 세 개의 수행법을 수시로 읽으면 팬덤이 아니라, 시민–보살이 될 수 있다. 어느 진영이 먼저 시작할까?

정치가를 불러 모아서, '진실하고 사랑스럽게 말하기' 수행법에 나오듯이 "우리는 분열이나 증오를 낳는 말을 하지 않겠다고 결심합니다"라고 마음 깊이 외게 할 수 있을까?

다음에는 국제관계다. '생명 존중' 수행법에는 생명을 지

° 　같은 책, p.64 참조.

키고, 전쟁을 막고, 평화를 이루는 방법을 찾겠다는 서원이 있
다. 남북한은 무엇을 통해서 상호존재임을 배울 수 있을까? 북
한은 수시로 핵과 미사일로, 그리고 말로 거칠게 남한을 위협
한다. 한국의 불교도 중에는 민족 화해를 위해 애쓰는 단체가
있다. 그런 단체가 영적 공동체의 일원으로서 '사상의 자유' 수
행법 그리고 억압과 부정의에 대해 명백히 반대의 입장을 취
하라는 말(제10의 수행법)에 따라서, 사상과 종교의 자유, 그리고
표현과 결사의 자유 등 기본적인 인권을 북한 주민에게 보장
하라고 김정은에게 말할 수 있을까?

티베트 이슈도 여전히 생생하다. 1950년 중국 인민해방
군이 티베트 동부를 침략한 다음, 중국은 70여 년간 티베트를
강제 점령하고 티베트인은 자유와 인권을 송두리째 빼앗기고
있다. 공산주의 체제에 대한 제14대 달라이 라마의 비판은 매
섭다. 그 체제가 의식주를 제공한다고 해도 "우리 속 더 깊이
있는 본성을 지탱할 소중한 자유의 공기"를 주지 않고, "(우리
를) 그저 반쪽짜리 인간"으로, "단지 신체적 욕구를 충족시키
는 데만 만족하는 동물"로 취급한다고 보고 있다.° 한국의 불
교도가 달라이 라마에 공감하며 중국의 티베트 지배를 비판할

° 《달라이 라마의 정치철학》, 수바쉬 C. 카샵 편집, 허우성·허주형 옮
김(운주사, 2023), p. 767 참조.

수 있을까?

　이제 지구가 남았다. '바른 생업' 수행법에서 틱낫한은 우리가 전 세계의 경제적, 정치적, 사회적 현실 그리고 우리 자신과 생태계와의 상호관계성을 인식하고, 소비자로서 그리고 시민으로서 책임감 있게 행동하기로 결심해야 한다고 했다. 인류가 인간과 지구의 상호관계성 또는 상호존재성의 인식하에서 행동해왔다면, 인간이 지구를 정복했다는 '인류세'는 오지 않았을 것이다. 상호존재의 세계관이 득세했다면 ― 득세할 수도 없었겠지만 ― 불평등과 기후변화는 덜 심했을 것이다. 하지만 우리는 지금보다 낮은 과학지식과 미흡한 경제 성장, 짧은 인간 수명을 견뎌야 했을 것이다. 이제부터라도 '내 가족, 내 조국'보다 '인류'에 주목해서, 만물의 상호존재를 인식하며 지구를 해치는 직업을 금할 수 있을까?

나오는 말

이 글의 출발은 베트남 전쟁이었고, 종착점은 한국이 처한 국내외 현실이다. 틱낫한에게 모든 존재는 처음부터 상호 존재한다. 이런 현실에서 살아남기 위해, 그것도 행복하게 살아남기 위해서는 집단적 지혜와 통찰이 필수다. 다양한 이슈들에 대해 지혜와 통찰을 얻기 위해 출·재가 집단과 일반 시민이 함께 논의할 수 있다면 좋겠다. 그러기 위해서는 한국에도 플럼빌리지처럼 '14가지 마음챙김 수행법'을 오롯이 수행하는 단체가 먼저 존재해야 한다.

이 책의 독자라면 하나의 수행법이라도 진지하게 행하여 십악을 멀리 떠나 시민 보살이 되면 행복해질 수 있다. '나'라는 현실은 철학보다 먼저다. 내가 행복해야 남도, 사회도 행복할 수 있으니까.

승려와 방문객들은 전 세계에 있는 접현종 마음챙김 수행 센터에서 틱낫한 스님이 세운 전통 속에서 마음챙김 삶의 기술을 실천하고 있습니다. 아래 공동체들에 연락하려고 하거나, 개인, 연인, 가족이 안거에 참여할 방법에 대한 정보를 얻으려면 아래로 연락하십시오.

Plum Village
33580 Dieulivol, France
plumvillage.org

La Maison de l'Inspir
77510 Villeneuve-sur-Bellot, France
maisondelinspir.org

Magnolia Grove Monastery
Batesville, MS 38606, USA
magnoliagrovemonastery.org

Healing Spring Monastery
77510 Verdelot, France
healingspringmonastery.org

Blue Cliff Monastery
Pine Bush, NY 12566, USA
bluecliffmonastery.org

Stream Entering Monastery
Beaufort, Victoria 3373, Australia
nhapluu.org

Deer Park Monastery
Escondido, CA 92026, USA
deerparkmonastery.org

Thailand Plum Village
Nakhon Ratchasima 30130 Thailand
thaiplumvillage.org

European Institute
of Applied Buddhism
D-51545 Waldbröl, Germany
eiab.eu

Asian Institute of Applied Buddhism
Ngong Ping, Lantau Island,
Hong Kong
pvfhk.org

〈마인드풀니스 벨(The Mindfulness Bell)〉은 틱낫한 스님의 전통 안에서 운영되는 마음챙김의 생활 방식에 대한 저널이며, 1년에 세 번 커뮤니티에서 발행됩니다. 전 세계 승가 또는 지역 마음챙김 그룹의 디렉토리를 구독하거나 참조하려면 mindfulnessbell.org를 방문하십시오.

틱낫한 인터빙

내 삶과 세상을 바꾸는 14가지 마음챙김 수행법

2024년 9월 9일 초판 1쇄 발행

지은이 틱낫한 • 옮긴이 허우성, 허주형
발행인 박상근(至弘) • 편집인 류지호 • 편집이사 양동민
편집 김재호, 양민호, 김소영, 최호승, 하다해, 정유리 • 디자인 쿠담디자인
제작 김명환 • 마케팅 김대현, 이선호 • 관리 윤정안
콘텐츠국 유권준, 김희준
펴낸 곳 불광출판사 (03169) 서울시 종로구 사직로10길 17 인왕빌딩 301호
　　　대표전화 02) 420-3200 편집부 02) 420-3300 팩시밀리 02) 420-3400
　　　출판등록 제300-2009-130호(1979. 10. 10.)

ISBN 979-11-7261-015-9 (03220)

값 18,000원